Curso

*La diferencia entre aprobar
y sacar plaza*

AF276595

Pinche

SERVICIO MADRILEÑO DE SALUD

Si aún no dispones de tu **Curso MAD360**, te ofrecemos un acceso GRATIS de 30 días para que disfrutes de los siguientes recursos:

- Técnicas de Memoria 360.
- MADTEST: Test *online* Nivel PRO.
- Temario en formato digital.
- Vídeos.
- Esquemas.
- Planificación de estudio.
- Foro entre opositores hasta la fecha del examen.*
- Recursos y novedades exclusivas.
- Consúltanos sobre tu oposición y proceso selectivo.
- Actualizaciones legislativas (Boletines Oficiales) hasta 60 días antes de la fecha del examen.*

Para acceder a esta prueba del Curso MAD360** será necesaria la compra de todos los libros para esta especialidad de la edición 2025.

Regístrate en **mad.es/iniciar-sesion** y en la pestaña MIS CURSOS valida los códigos que encuentras en la última página de tus libros.

NOTA IMPORTANTE:

* Examen de esta categoría profesional correspondiente a la convocatoria publicada en el BOCM n.º 158, de 4 de julio de 2025, o hasta el 31 de agosto de 2026, lo que se cumpla antes, y previa renovación del servicio.

** El acceso al CURSO MAD360 estará disponible desde agosto de 2025 (algunos recursos podrían estar disponibles en fecha posterior). Tendrá una duración de 30 días RENOVABLES mediante pago, desde la validación de códigos, o hasta el 28 de febrero de 2027, lo que se cumpla antes.

MAD se reserva el derecho a ampliar dichas fechas.

Pinche del Servicio Madrileño de Salud

Septiembre 2025

Pinche del Servicio Madrileño de Salud

Test del Temario

ANA MARÍA SERRANO BÁRCENA
Licenciada en Biología

MARTA GONZÁLEZ CABALLERO
Diplomada en Dietética y Nutrición Humana
Formadora Ocupacional

DOMINGO GÓMEZ MARTÍNEZ
Licenciado en Derecho
Técnico de Función Administrativa

ELENA GARCÍA FERNÁNDEZ
Licenciada en Derecho

FRANCISCO JESÚS TORRES FONSECA
Licenciado en Derecho

MAGDALENA CERVERA MELLADO
Técnico Superior en Dietética y Nutrición
Licenciada en Podología
Posgrado en Prevención Sanitaria

© 7 Editores Recursos para la Cualificación Profesional y el Empleo, S.L. (7 Editores)
© Los autores
Primera edición, septiembre 2025 (138 páginas)
Derechos de edición reservados a favor de 7 Editores
IMPRESO EN ESPAÑA
Diseño Portada: 7 Editores
Edita: 7 Editores
Avda. San Francisco Javier, 9 · Edificio Sevilla 2 · Planta 11 · Módulos 25-27 · 41018 Sevilla
Teléfono: 954 784 411 · WEB: www.mad.es · e-mail: administracion@7editores.com
ISBN: 978-84-142-9926-5
© "Editorial Mad" y "Eduforma" son nombres comerciales registrados de
7 Editores Recursos para la Cualificación Profesional y el Empleo, S.L.

Índice

TEST PARTE ESPECÍFICA

TEST
PARTE COMÚN

TEST N.º 1

El derecho a la protección de la salud en la Constitución Española de 1978. El Estatuto de Autonomía de la Comunidad de Madrid. La Asamblea, el Presidente y el Gobierno. La Administración autonómica: organización y estructura básica de las Consejerías

1. ¿En qué Título y Capítulo de la Constitución Española se regula el derecho a la protección de la salud?

a) Capítulo II Título I.
b) Capítulo V Título II.
c) Capítulo I Título I.
d) Capítulo III Título I.

2. El Presidente de la Comunidad de Madrid es elegido de entre sus miembros por la Asamblea y nombrado por el Rey, mediante:

a) Ley.
b) Orden Ministerial.
c) Real Decreto.
d) Decreto Ley.

3. El Presidente, por razón de su cargo, tiene derecho a recibir el tratamiento de:

a) Señoría.
b) Excelencia.
c) Ilustrísimo.
d) Señor.

4. El Presidente de la Comunidad de Madrid tiene derecho a percibir, con cargo a los Presupuestos Generales de la Comunidad Autónoma, los sueldos y retribuciones que en los mismos se determinen y cuya cuantía no podrá ser superior a la asignada:

a) Al cargo de Secretario de Estado del Gobierno de la Nación en los Presupuestos General del Estado.
b) Al cargo de Consejero en los Presupuestos General del Estado.

c) Al cargo de Diputado en los Presupuestos General del Estado.

d) Al cargo de Ministro en los Presupuestos General del Estado.

5. ¿El cargo de Presidente de la Comunidad de Madrid es compatible con el ejercicio de cualquier otra función o actividad pública que no derive de aquel?

a) Sí.

b) No.

c) Solo con el de Diputado de la Asamblea.

d) Solo con el de Consejero.

6. El cargo de Presidente de la Comunidad de Madrid, ¿es compatible con el ejercicio de toda actividad laboral, profesional o empresarial?

a) Sí puesto que no se contempla ninguna compatibilidad.

b) No, en ningún caso.

c) Solo con algunas actividades laborales.

d) Solo con algunas actividades profesionales.

7. Como supremo representante de la Comunidad Autónoma, corresponde al Presidente de la Comunidad:

a) Ostentar la alta representación de dicha Comunidad en las relaciones con las demás Instituciones del Estado y sus Administraciones.

b) Firmar los convenios y acuerdos de cooperación que en virtud del artículo 32 del Estatuto de Autonomía se celebren o establezcan con otras Comunidades Autónomas.

c) Convocar elecciones a la Asamblea de Madrid en los términos señalados en el artículo 11 del Estatuto de Autonomía.

d) Todas son correctas.

8. ¿A quién corresponde aprobar el Proyecto del Presupuesto anual de la Comunidad y presentarlo a la aprobación de la Asamblea, de acuerdo con lo establecido en el artículo 61 del Estatuto de Autonomía?

a) Al Presidente.

b) Al Consejo de Gobierno.

c) Al Vicepresidente.

d) A la Asamblea.

9. No corresponde al Presidente de la Comunidad de Madrid:

a) Acordar la petición de sesión extraordinaria de la Asamblea.

b) Nombrar y separar de su cargo a los Consejeros.

c) Asegurar la coordinación entre las distintas Consejerías y resolver los conflictos de competencias entre las mismas.

d) Velar por el cumplimiento de los Acuerdos del Consejo de Gobierno y de las Comisiones Delegadas.

10. Señala la respuesta incorrecta:

a) El Presidente, por razón de su cargo, tiene derecho a recibir el tratamiento de excelencia.

b) Corresponde al Presidente ordenar la publicación en el «Boletín Oficial de la Comunidad de Madrid» del nombramiento de Presidente del Tribunal Superior de Justicia de Madrid.

c) El Presidente podrá delegar funciones ejecutivas y de representación propias, en los Vicepresidentes.

d) Los miembros del Gabinete del Presidente no cesan al cesar este.

11. En su condición de representante ordinario del Estado en la Comunidad Autónoma, corresponde al Presidente promulgar, en nombre del Rey, las Leyes de la Asamblea y los Decretos legislativos, y ordenar su publicación en el «Boletín Oficial de la Comunidad de Madrid», en el plazo máximo de:

a) Siete días desde su aprobación.

b) Quince días desde su aprobación.

c) Veinte días desde su aprobación.

d) Un mes desde su aprobación.

12. Establecer las directrices generales de la acción del gobierno y asegurar su continuidad corresponde:

a) Al Presidente.

b) Al Consejo de Gobierno.

c) Al Vicepresidente.

d) A la Asamblea.

13. Aprobar los Reglamentos Generales de los tributos propios de la Comunidad de Madrid y elaborar las normas reglamentarias precisas para gestionar los impuestos estatales cedidos de acuerdo con los términos de dicha cesión, corresponde:

a) Al Presidente.

b) Al Consejo de Gobierno.

c) Al Vicepresidente.

d) A la Asamblea.

14. El Presidente podrá delegar funciones ejecutivas y de representación propias, en:

a) Los Vicepresidentes.
b) Los Vicepresidentes y demás miembros del Consejo de Gobierno.
c) Los Consejeros.
d) No puede delegar ese tipo de funciones.

15. En el Gabinete del Presidente se integran los asesores del Presidente, en número determinado por este, y no superior a:

a) Tres.
b) Cinco.
c) Seis.
d) Siete.

16. El Presidente no podrá delegar la siguiente atribución:

a) Nombrar y separar de su cargo a los Consejeros y, en su caso, al Vicepresidente o Vicepresidentes.
b) Establecer las directrices generales de la acción del gobierno y asegurar su continuidad.
c) Asegurar la coordinación entre las distintas Consejerías y resolver los conflictos de competencias entre las mismas.
d) No puede delegar ninguna de las anteriores atribuciones.

17. Señala la respuesta incorrecta:

a) El Jefe del Gabinete del Presidente tiene nivel orgánico de Director General.
b) Los miembros del Gabinete del Presidente podrán ocupar puestos de trabajo reservados a funcionarios.
c) El Jefe del Gabinete del Presidente será nombrado por Decreto del Consejo de Gobierno, a propuesta de su Presidente.
d) El Jefe del Gabinete del Presidente será cesado, en su caso, por Decreto del Consejo de Gobierno, a propuesta de su Presidente.

18. Precisarán de la previa autorización de la Asamblea las ausencias temporales del Presidente, superiores a:

a) Siete días.
b) Quince días.
c) Un mes.
d) Dos meses.

19. Señala la respuesta incorrecta:

a) El Presidente en funciones podrá ser sometido a moción de censura.
b) El Presidente en funciones no podrá plantear la cuestión de confianza.

c) El Presidente podrá cesar por aprobación de una moción de censura.

d) Todas son correctas.

20. En los casos en los que el Presidente haya de ser sustituido, se seguirá el siguiente orden de prelación:

a) Los Consejeros, según su orden. Los Vicepresidentes, según el orden establecido en el artículo 19.2 de la Ley del Gobierno de la Comunidad de Madrid.

b) Los Vicepresidentes, según su orden. Los diferentes Consejeros, según el orden establecido en el artículo 19.2 de la Ley del Gobierno de la Comunidad de Madrid.

c) Los Vicepresidentes, según su orden. Los diferentes Ministros, según el orden establecido en el artículo 19.2 de la Ley del Gobierno de la Comunidad de Madrid.

d) El Presidente no puede ser sustituido.

En MADTEST tienes **más preguntas de este tema**, y todos tus avances quedan registrados y se reflejan en el ranking.

¡Supera tus límites con MADTEST!

Solución al test n.º 1

1. d) Capítulo III Título I.

2. c) Real Decreto.

3. b) Excelencia.

4. a) Al cargo de Secretario de Estado del Gobierno de la Nación en los Presupuestos General del Estado.

5. c) Solo con el de Diputado de la Asamblea.

6. b) No, en ningún caso.

7. d) Todas son correctas.

8. b) Al Consejo de Gobierno.

9. a) Acordar la petición de sesión extraordinaria de la Asamblea.

10. d) Los miembros del Gabinete del Presidente no cesan al cesar este.

11. b) Quince días desde su aprobación.

12. a) Al Presidente.

13. b) Al Consejo de Gobierno.

14. b) Los Vicepresidentes y demás miembros del Consejo de Gobierno.

15. c) Seis.

16. d) No puede delegar ninguna de las anteriores atribuciones.

17. b) Los miembros del Gabinete del Presidente podrán ocupar puestos de trabajo reservados a funcionarios.

18. c) Un mes.

19. a) El Presidente en funciones podrá ser sometido a moción de censura.

20. b) Los Vicepresidentes, según su orden. Los diferentes Consejeros, según el orden establecido en el artículo 19.2 de la Ley del Gobierno de la Comunidad de Madrid.

TEST N.º 2

La Ley 14/1986, de 25 de abril, General de Sanidad. El Sistema Nacional de Salud y los Servicios de Salud de las Comunidades Autónomas. El Área de Salud

1. La Ley General de Sanidad concibe los Planes de Salud como un instrumento de:

a) La Alta Inspección.
b) La docencia y la investigación.
c) La Coordinación general sanitaria.
d) La Sanidad exterior.

2. Las Áreas de Salud serán dirigidas por un órgano propio, donde deberán participar las Corporaciones Locales en ellas situadas, con una representación no inferior al:

a) 20 %.
b) 30 %.
c) 40 %.
d) 50 %.

3. Los Consejos de Salud de Área estarán constituidos por organizaciones sindicales más representativas, en una proporción no inferior al:

a) 25 %.
b) 30 %.
c) 40 %.
d) 50 %.

4. Entre las características fundamentales del Sistema Nacional de Salud, no se encuentra:

a) La extensión de sus servicios a toda la población.
b) La coordinación y, en su caso, la integración de todos los recursos sanitarios públicos en tres dispositivos únicos (estatal, autonómico y local).

c) La prestación de una atención integral de la salud procurando altos niveles de calidad debidamente evaluados y controlados.

d) Todas son correctas.

5. ¿En cuántos niveles organizativos se divide el sistema sanitario español?

a) Tres: central, autonómico y áreas de salud.

b) Dos: central y autonómico.

c) Central, del que derivan el autonómico y local.

d) Únicamente el central.

6. Para la delimitación de las zonas básicas no deberá tenerse en cuenta:

a) El grado de concentración o dispersión de la población.

b) Las características epidemiológicas de la zona.

c) Las instalaciones y recursos sanitarios de la zona.

d) Las distancias mínimas de las agrupaciones de población más cercanas de los servicios y el tiempo normal a invertir en su recorrido usando los medios ordinarios.

7. Las Comunidades Autónomas ejercerán, en materia de sanidad, las competencias:

a) Asumidas en sus Estatutos, exclusivamente.

b) Asumidas en sus Estatutos y las decisiones y actuaciones públicas previstas en la LGS que se hayan reservado expresamente al Estado.

c) Asumidas en sus Estatutos.

d) Las mencionadas en c) y las transferidas, o en su caso, delegadas, por el Estado, así como las decisiones y actuaciones públicas previstas en la LGS que no se hayan reservado expresamente al Estado.

8. Según la Ley General de Sanidad, las actividades que se realicen en materia de control de posibles riesgos para la salud derivados del tráfico internacional de viajeros son:

a) Competencia exclusiva del Ministerio de Asuntos Exteriores.

b) Actividades de sanidad exterior.

c) Competencia exclusiva del Ministerio de Sanidad.

d) Excluidas de la Ley General de Sanidad.

9. Entre las actuaciones en materia de Sanidad interior que contempla la Ley General de Sanidad, no se encuentra:

a) El catálogo y registro general de centros, servicios y establecimientos sanitarios.

b) La homologación de programas de formación postgraduada del personal sanitario.

c) La realización de estadísticas de interés comunitario.

d) La elaboración de informes generales sobre la salud pública y la asistencia sanitaria.

10. Según la Ley General de Sanidad, las Comunidades Autónomas ejercerán las competencias:

a) Asumidas en la Constitución.
b) Que sus Estatutos les transfieran.
c) Asumidas en sus Estatutos.
d) Que les delegue la Constitución.

11. Respecto de las Corporaciones Locales, la Ley General de Sanidad determina unas competencias:

a) Exclusivas.
b) De actuación.
c) Mínimas de los Ayuntamientos.
d) Exclusivas de los Ayuntamientos.

12. La Ley General de Sanidad fija para los Ayuntamientos, en relación al obligado cumplimiento de las normas y planes sanitarios, determinadas competencias mínimas en materia de:

a) La policía municipal.
b) La policía sanitaria mortuoria.
c) La policía local.
d) La sanidad de los cementerios.

13. Entre las competencias mínimas de los Ayuntamientos que establece la Ley General de Sanidad, en relación con el obligado cumplimiento de las normas y planes sanitarios, no se incluye:

a) Control sanitario de industrias.
b) Control sanitario de transportes.
c) Control sanitario de ruidos.
d) Control sanitario de puertos.

14. La Ley General de Sanidad determina que es competencia exclusiva del Estado:

a) Los acuerdos sanitarios internacionales.
b) Las relaciones interterritoriales.
c) La Sanidad interior.
d) La Inspección general.

15. La Ley General Sanidad determina que el Estado debe desarrollar en materia de Sanidad interior una serie de:

a) Competencias.
b) Competencias exclusivas.

c) Actuaciones.
d) Principios.

16. ¿Cuál de los siguientes términos no se corresponde con ninguno de los principios, que enumera la Ley General de Sanidad, a los que adecuarán su organización y funcionamiento los servicios sanitarios?

a) Economía.
b) Flexibilidad.
c) Celeridad.
d) Coordinación.

17. ¿Cuál es el objeto de la Ley 14/1986, de 25 de abril, General de Sanidad?

a) La regulación general de todas las acciones que permitan hacer efectivo el derecho a la protección de la salud.
b) El desarrollo de una acción global de prevención que implique a la colectividad, considerada como conjunto.
c) La puesta al día de las técnicas de intervención pública en los problemas de salud de la colectividad.
d) La cobertura de los riesgos sanitarios a través de una cuota vinculada al trabajo.

18. La competencia en la autorización de los medicamentos y de los productos sanitarios corresponde:

a) Al Ministerio de Sanidad.
b) A la Agencia Española de Medicamentos y Productos Sanitarios.
c) A la Dirección General de Medicamentos y Productos Sanitarios.
d) Al Gobierno, mediante Real Decreto.

19. Con relación con los Consejos de Salud de Área no es cierto que:

a) Están constituidos por la representación de los ciudadanos a través de las Corporaciones Locales comprendidas en su demarcación, que supondrá el 50% de sus miembros y las organizaciones sindicales más representativas, en una proporción no inferior al 25%, a través de los profesionales sanitarios titulados.
b) Los Consejos de salud del área podrán crear órganos de participación de carácter general.
c) Entre sus competencias están las de verificar la adecuación de las actuaciones en el área de salud a las normas y directrices de la política sanitaria y económica.
d) Conocer e informar el anteproyecto del Plan de Salud del área y de sus adaptaciones anuales, forma parte de sus competencias.

20. Los órganos colegiados de participación comunitaria para la consulta y el seguimiento de la gestión, en los que participaran las organizaciones empresariales y sindicales, se denominan:

a) Consejos de Salud de Área.
b) Consejos de Dirección de Área.
c) Gerencia de Área.
d) Consejo de Participación del Área.

En MADTEST tienes **más preguntas de este tema**, y todos tus avances quedan registrados y se reflejan en el ranking.

¡Supera tus límites con MADTEST!

Solución al test n.º 2

1. c) La Coordinación general sanitaria.

2. c) 40 %.

3. a) 25 %.

4. b) La coordinación y, en su caso, la integración de todos los recursos sanitarios públicos en tres dispositivos únicos (estatal, autonómico y local).

5. a) Tres: central, autonómico y áreas de salud.

6. d) Las distancias mínimas de las agrupaciones de población más cercanas de los servicios y el tiempo normal a invertir en su recorrido usando los medios ordinarios.

7. d) Las mencionadas en c) y las transferidas, o en su caso, delegadas, por el Estado, así como las decisiones y actuaciones públicas previstas en la LGS que no se hayan reservado expresamente al Estado.

8. b) Actividades de sanidad exterior.

9. c) La realización de estadísticas de interés comunitario.

10. c) Asumidas en sus Estatutos.

11. c) Mínimas de los Ayuntamientos.

12. b) La policía sanitaria mortuoria.

13. d) Control sanitario de puertos.

14. a) Los acuerdos sanitarios internacionales.

15. c) Actuaciones.

16. d) Coordinación.

17. a) La regulación general de todas las acciones que permitan hacer efectivo el derecho a la protección de la salud.

18. b) A la Agencia Española de Medicamentos y Productos Sanitarios.

19. b) Los Consejos de salud del área podrán crear órganos de participación de carácter general.

20. a) Consejos de Salud de Área.

TEST N.º 3

La Ley 14/1986, de 25 de abril, General de Sanidad. Las modalidades de la asistencia sanitaria. La Atención Primaria de la Salud, Equipos de Atención Primaria, el centro de salud. La asistencia hospitalaria. El área sanitaria. Los hospitales y los centros de especialidades

1. ¿Qué artículo de Ley General de Sanidad determina que serán las Comunidades Autónomas las que delimiten y constituyan en su territorio demarcaciones territoriales denominadas Áreas de Salud, en las que se organice un sistema sanitario coordinado e integral?

a) El art. 46.
b) El art. 49.
c) El art. 54.
d) El art. 56.

2. Con la finalidad de alcanzar la máxima operatividad y eficacia en la organización y funcionamiento del Sistema Sanitario Público a nivel primario, cada Área de Salud se divide territorialmente en:

a) Zonas Básicas de Salud.
b) Áreas de Salud.
c) Distritos Sanitarios Básicos.
d) Departamentos Sanitarios Elementales.

3. La delimitación del marco territorial que abarcará cada Zona de Salud se hará teniendo en cuenta criterios demográficos, geográficos y sociales, y será llevada a cabo por:

a) El Ministerio de Sanidad.
b) Las Comunidades Autónomas.
c) Las Corporaciones Locales.
d) El Estado por medio de la Secretaría General de Salud.

4. Como norma general, la Zona Básica de Salud abarcará a una población comprendida entre:

a) Los dos mil y los quince mil habitantes.
b) Los tres mil y los veinte mil habitantes.
c) Los cinco mil y los veinticinco mil habitantes.
d) Los diez mil y los treinta mil habitantes.

5. ¿Cuál de los siguientes factores no habrá de tenerse en cuenta en la delimitación de las zonas básicas, según dispone el art. 62 LGS?

a) El grado de concentración o dispersión de la población.
b) Las instalaciones y recursos sanitarios de la Zona.
c) La edad media de la población de la Zona.
d) Las isocronas o las distancias máximas de las agrupaciones de población más alejadas de los servicios y el tiempo normal a invertir en su recorrido usando los medios ordinarios.

6. ¿Cómo se denomina al conjunto de profesionales sanitarios y no sanitarios cuyo ámbito territorial principal de actuación es la Zona Básica de Salud y con localización física principal en el Centro de Salud?

a) Equipo de Atención Primaria.
b) Personal Básico Sanitario.
c) Equipo Básico de Salud.
d) Grupo de Atención Primaria.

7. Según el artículo 51.2 de la Ley 14/1986, de 25 de abril, General de Sanidad, la competencia de ordenación territorial de los servicios sanitarios la ostenta/n:

a) El Estado.
b) Las Comunidades Autónomas.
c) Las Corporaciones Locales.
d) La Unión Europea.

8. El Decreto 52/2010 configura como estructura clave de la Atención Primaria:

a) A los centros de salud.
b) A la zona básica de salud.
c) Al área de salud.
d) A los hospitales.

9. Las estructuras básicas sanitarias y directivas de Atención Primaria en la Comunidad de Madrid se enmarcan:

a) En varias zonas de salud por razón del territorio.
b) En diversas áreas de salud repartidas por población.

c) En el área única de salud.

d) En tres áreas adjuntas de salud.

10. Las estructuras básicas sanitarias de Atención Primaria de la Comunidad de Madrid son:

a) El Área de salud y la zona básica de salud.

b) El Área de Salud, la zona básica de salud y el centro de salud.

c) El Área de salud y el centro de salud.

d) La zona básica de salud y el centro de salud.

11. La zona básica de salud de la Comunidad de Madrid es:

a) El órgano de dirección de la estructura organizativa de los servicios sanitarios.

b) La estructura fundamental del sistema sanitario, responsabilizada de la gestión unitaria de los centros y establecimientos en su demarcación territorial y de las prestaciones sanitarias y programas sanitarios a desarrollar por ellos.

c) El marco territorial de la Atención Primaria donde desarrolla su actividad sanitaria el centro de salud.

d) La estructura física de consultas y servicios asistenciales personales correspondientes a la población en que se ubica.

12. Conforme al Decreto 52/2010, la estructura física y funcional donde los profesionales desarrollan de forma integrada todas las actividades encaminadas a la promoción, prevención, asistencia y rehabilitación de la salud, se denomina:

a) Área de salud.

b) Centro de salud.

c) Zona básica de salud.

d) Hospital.

13. El órgano de dirección de Atención Primaria dentro del área única de salud de la Comunidad de Madrid es:

a) El Consejo de Dirección.

b) La Gerencia.

c) El Consejo de Salud.

d) El Comité de Salud.

14. El Director General de Atención Primaria de la Comunidad de Madrid:

a) Ostenta el cargo de Gerente de Atención Primaria.

b) Se corresponde con el Director del centro de salud de mayor población.

c) Se trata de un titular de una de las Gerencias Adjuntas de Atención Primaria.

d) Ninguna de las anteriores respuestas es cierta.

15. ¿Cuál de las siguientes Gerencias Adjuntas de Atención Primaria de la Comunidad de Madrid no existe?

a) Gerencia Adjunta de Asistencia Sanitaria.
b) Gerencia Adjunta de Planificación y Calidad.
c) Gerencia Adjunta de Gestión y Servicios Generales.
d) Gerencia Adjunta de Servicios Públicos Sanitarios.

16. Según el Decreto 52/2010, la organización, coordinación y supervisión de la actividad asistencial de los centros de salud, de acuerdo con las directrices establecidas por el Servicio Madrileño de Salud, corresponde a la:

a) Gerencia Adjunta de Servicios Públicos Sanitarios.
b) Gerencia Adjunta de Gestión y Servicios Generales.
c) Gerencia Adjunta de Planificación y Calidad.
d) Gerencia Adjunta de Asistencia Sanitaria.

17. La gestión de los recursos humanos y económicos de los centros de salud, de conformidad con las directrices establecidas por el Servicio Madrileño de Salud, se atribuye a:

a) Gerencia Adjunta de Gestión y Servicios Generales.
b) Gerencia Adjunta de Asistencia Sanitaria.
c) Gerencia Adjunta de Planificación y Calidad.
d) Gerencia Adjunta de Servicios Públicos Sanitarios.

18. La dirección de cada centro de salud del Servicio Madrileño de Salud la ostentará:

a) Un profesional sanitario.
b) Un funcionario de la Administración sanitaria.
c) Un licenciado en Medicina y Cirugía.
d) Un profesional con título de licenciado.

19. La competencia para el diseño y desarrollo de los procesos asistenciales, así como el despliegue de la estrategia de calidad y seguridad del paciente, de acuerdo con las directrices del Servicio Madrileño de Salud, se otorga a:

a) Gerencia Adjunta de Asistencia Sanitaria.
b) Gerencia Adjunta de Planificación y Calidad.
c) Gerencia Adjunta de Gestión y Servicios Generales.
d) Gerencia Adjunta de Servicios Públicos Sanitarios.

20. La organización de los profesionales y de la actividad de un centro de salud del Servicio Madrileño de Salud corresponde:

a) Al Director del centro.
b) Al Director General de Atención Primaria.
c) Al Gerente de Atención Primaria.
d) Al titular de la Gerencia Adjunta de Asistencia Sanitaria.

En MADTEST tienes **más preguntas de este tema**, y todos tus avances quedan registrados y se reflejan en el ranking.

¡Supera tus límites con MADTEST!

Solución al test n.º 3

1. d) El art. 56.

2. a) Zonas Básicas de Salud.

3. b) Las Comunidades Autónomas.

4. c) Los cinco mil y los veinticinco mil habitantes.

5. c) La edad media de la población de la Zona.

6. a) Equipo de Atención Primaria.

7. b) Las Comunidades Autónomas.

8. a) A los centros de salud.

9. c) En el área única de salud.

10. d) La zona básica de salud y el centro de salud.

11. c) El marco territorial de la Atención Primaria donde desarrolla su actividad sanitaria el centro de salud.

12. b) Centro de salud.

13. b) La Gerencia.

14. a) Ostenta el cargo de Gerente de Atención Primaria.

15. d) Gerencia Adjunta de Servicios Públicos Sanitarios.

16. d) Gerencia Adjunta de Asistencia Sanitaria.

17. a) Gerencia Adjunta de Gestión y Servicios Generales.

18. c) Un licenciado en Medicina y Cirugía.

19. b) Gerencia Adjunta de Planificación y Calidad.

20. a) Al Director del centro.

Ley 12/2001, de 21 de diciembre de Ordenación Sanitaria de la Comunidad de Madrid. Derechos y deberes de los ciudadanos

1. Indique la opción correcta sobre la Ley de Ordenación Sanitaria de la Comunidad de Madrid:

a) No contiene preámbulo.
b) Ningún Título se divide en Capítulos.
c) Se publicó en el BOCM el 26 de diciembre de 2001.
d) Todas son correctas.

2. ¿A qué órgano le corresponde la aprobación de la estructura orgánica de la Consejería de Sanidad?

a) A la Asamblea de la Comunidad de Madrid.
b) Al Consejo de Gobierno de la Comunidad de Madrid.
c) A la propia Consejería de Sanidad.
d) Ninguna es correcta.

3. La aprobación del Plan de Salud es competencia de:

a) La Consejería de Sanidad.
b) El Consejo de Gobierno.
c) La Asamblea.
d) Ninguna es correcta.

4. La protección de la salud, la ordenación y la organización del Sistema Sanitario de la Comunidad de Madrid, se ajustarán a los siguientes principios. Indique la opción incorrecta:

a) Orientación del Sistema a los ciudadanos, estableciendo los instrumentos necesarios para el ejercicio de sus derechos, reconocidos en esta Ley, especialmente, la equidad en el acceso y la libre elección.
b) Concepción integral de nuestro Sistema Sanitario, incluyendo la promoción de la salud, la educación sanitaria, la prevención, la asistencia en caso de enfermedad, la rehabilitación, la investigación y la formación sanitaria.

c) Concepción integrada del Sistema Sanitario de la Comunidad de Madrid, incluyendo todos los dispositivos sanitarios con independencia de su titularidad.

d) Universalización de los servicios sanitarios de carácter individual exclusivamente para las personas residentes en la Comunidad de Madrid, en todo caso, en la forma y condiciones previstas en la legislación general que resulte de aplicación, atendiendo a los principios de igualdad y solidaridad y equidad en el acceso.

5. La Red Sanitaria Única de Utilización Pública integrada por todos los proveedores sanitarios públicos dependientes de la Comunidad de Madrid y por aquellos privados o públicos que, previa acreditación y concertación, puedan prestar servicios al Sistema Público, según se establezca reglamentariamente, tiene carácter:

a) Orgánico.
b) Funcional.
c) Territorial.
d) Ninguna es correcta.

6. ¿Qué órgano es competente para nombrar y cesar al Director General del Servicio Madrileño de Salud?

a) El Consejero de Sanidad.
b) El Gobierno de la Comunidad de Madrid.
c) La Asamblea Legislativa.
d) El Presidente del Gobierno de la Comunidad de Madrid.

7. Una de las siguientes competencias no corresponde al Gobierno de la Comunidad de Madrid:

a) La aprobación de la estructura orgánica del Servicio Madrileño de la Salud, el acuerdo de constitución de organismos dependientes del mismo y de su proyecto de presupuesto.

b) La aprobación de la estructura orgánica del Instituto de Salud Pública de la Comunidad de Madrid, el acuerdo de constitución de organismos dependientes del mismo y de su proyecto de presupuesto.

c) La aprobación de la estructura orgánica de la Agencia de Formación, Investigación y Estudios Sanitarios de la Comunidad de Madrid, el acuerdo de constitución de organismos dependientes de la misma y su proyecto de presupuesto.

d) La aprobación del Plan de Salud.

8. Indique cuál de las siguientes competencias, corresponde a la Consejería de Sanidad:

a) El establecimiento de normas y criterios de actuación en cuanto a la acreditación de centros y servicios.

b) El nombramiento y cese del Director General de la Agencia de Formación, Investigación y Estudios Sanitarios de la Comunidad de Madrid.

c) La aprobación de la estructura orgánica del Servicio Madrileño de la Salud, el acuerdo de constitución de organismos dependientes del mismo y de su proyecto de presupuesto.

d) Ninguna es correcta.

9. La dirección, planificación y programación del Sistema Sanitario es competencia de:

a) La Consejería de Sanidad.
b) El Gobierno de la Comunidad de Madrid.
c) El órgano competente de la Consejería de Sanidad.
d) Ninguna es correcta.

10. El dispositivo sanitario público y las prestaciones sanitarias derivadas del Sistema Nacional de Salud se financiarán con cargo a:

a) Los recursos que le puedan corresponder por la participación de la Comunidad de Madrid en los Presupuestos Generales del Estado.
b) Los rendimientos obtenidos de los fondos y tributos cedidos total o parcialmente por el Estado a la Comunidad de Madrid para fines sanitarios.
c) Los recursos no contemplados en el apartado b) anterior que le puedan ser asignados con cargo a los Presupuestos Generales de la Comunidad de Madrid.
d) Todas son correctas.

11. La aprobación del informe del Estado de Salud de la Comunidad de Madrid, es una competencia de:

a) El Gobierno.
b) La Consejería de Sanidad.
c) El Servicio Madrileño de Salud.
d) El Ministerio competente en Sanidad.

12. En lo que respecta a la Salud Laboral, la Administración de la Comunidad de Madrid:

a) Desarrollará la prevención, protección, promoción y mejora de la salud integral del trabajador.
b) Prestará la asistencia farmacéutica promoviendo su correcta y adecuada utilización.
c) Controlará y mejorará la calidad de la asistencia sanitaria en todos sus niveles.
d) Fomentará las actividades de investigación en el campo de las ciencias de la salud e innovación tecnológica.

13. Constituyen fuentes de financiación del Sistema Sanitario Público de la Comunidad de Madrid las siguientes. Indique la opción incorrecta:

a) Las partidas consignadas en los presupuestos de los Ayuntamientos de la Comunidad de Madrid que, con carácter suficiente, estén destinadas a atender el gasto que se derive del cumplimiento de las funciones y competencias sanitarias que les correspondan.
b) Las subvenciones y aportaciones voluntarias de entidades y particulares a los entes de naturaleza pública.
c) Los rendimientos obtenidos de los fondos y tributos cedidos total o parcialmente por la Comunidad de Madrid al Estado, para fines sanitarios.
d) Ninguna es correcta.

14. En relación a la Autoridad Sanitaria de la Comunidad de Madrid, indique la opción correcta:

a) Le corresponde a la Autoridad Sanitaria de la Comunidad de Madrid, en el ámbito de su competencia, la coordinación sanitaria cuyo propósito es el de vertebrar el Sistema Sanitario, integrando la diversidad de actuaciones de la sociedad civil y las distintas administraciones sanitarias, en relación con los objetivos de salud y evitando las disfunciones que puedan dificultar la funcionalidad del Sistema.

b) El Gobierno de la Comunidad de Madrid ejerce la función de Autoridad Sanitaria.

c) Será competente para autorizar productos farmacéuticos y sanitarios.

d) Todas son correctas.

15. La Administración Sanitaria de la Comunidad de Madrid, a través de los recursos y medios de los que dispone el Sistema Sanitario y de los organismos competentes en cada caso, promoverá, impulsará y desarrollará las actuaciones de salud pública encaminadas a garantizar los derechos de protección de la salud de la población de la Comunidad de Madrid, desde una perspectiva comunitaria, con especial énfasis en:

a) La atención integral de la salud en todos los ámbitos asistenciales, así como las actuaciones sanitarias que sean necesarias como apoyo a la atención sociosanitaria.

b) La atención integrada de salud mental potenciando los recursos asistenciales en el ámbito ambulatorio, los sistemas de hospitalización parcial, la atención domiciliaria, la rehabilitación psicosocial en coordinación con los servicios sociales, y realizándose las hospitalizaciones psiquiátricas, cuando se requiera, en unidades psiquiátricas hospitalarias.

c) La asistencia sanitaria a las emergencias, catástrofes y urgencias en la Comunidad de Madrid.

d) La vigilancia en salud pública y la difusión de la información epidemiológica general y específica para fomentar el conocimiento detallado de los problemas de salud.

16. En lo que respecta a la Salud Laboral la Administración de la Comunidad de Madrid:

a) Promoverá actuaciones en materia de Salud Laboral, en el marco de lo dispuesto en la legislación vigente.

b) Desarrollará la prevención, protección, promoción y mejora de la salud integral del trabajador.

c) Será competencia de la Consejería de Sanidad de la Comunidad de Madrid, el desarrollo como mínimo de la promoción general de la salud integral de la población incluida la relacionada con el ámbito laboral.

d) Todas son correctas.

17. ¿Qué competencias ejercerán las Corporaciones Locales, según indica la Ley 12/2001?

a) Control sanitario y salubridad.

b) Vacunación.

c) Control farmacéutico.
d) Ninguna es correcta.

18. ¿Qué recurso se puede interponer contra los actos administrativos de la Consejería de Sanidad de la Comunidad de Madrid?

a) Únicamente el recurso contencioso-administrativo.
b) Exclusivamente el recurso potestativo de reposición.
c) El recurso de alzada, en todo caso.
d) Los recursos que correspondan en los mismos casos, plazos y formas previstos en la Ley de Procedimiento Administrativo.

19. El dispositivo sanitario público y las prestaciones sanitarias derivadas del Sistema Nacional de Salud se financiarán con cargo a:

a) Los recursos que le puedan corresponder por la participación de la Comunidad de Madrid en los Presupuestos municipales.
b) Los rendimientos obtenidos de los fondos y tributos cedidos total o parcialmente por el Estado a la Comunidad de Madrid para fines sanitarios.
c) Las subvenciones y aportaciones voluntarias de entidades y particulares a los entes de naturaleza privada.
d) Todas son correctas.

20. Señala la opción correcta:

a) La creación del Sistema Sanitario de la Comunidad de Madrid se realiza bajo el principio de universalidad del Sistema Nacional de Salud, con el objeto de consolidar la vertebración, la equidad y la igualdad efectiva en el acceso a sus prestaciones.
b) La creación del Sistema Sanitario de la Comunidad de Madrid se realiza bajo el principio de vertebración del Sistema Nacional de Salud, con el objeto de consolidar la universalidad, la equidad y la igualdad efectiva en el acceso a sus prestaciones.
c) La creación del Sistema Sanitario de la Comunidad de Madrid se realiza bajo el principio de igualdad en el Sistema Nacional de Salud, con el objeto de consolidar la universalidad, la equidad y la no discriminación en el acceso a sus prestaciones.
d) La creación del Sistema Sanitario de la Comunidad de Madrid se realiza bajo el principio de vertebración del Sistema Nacional de Salud, con el objeto de consolidar la eficacia, la equidad y la eficiencia en el acceso a sus prestaciones.

Solución al test n.º 4

1. c) Se publicó en el BOCM el 26 de diciembre de 2001.

2. b) Al Consejo de Gobierno de la Comunidad de Madrid.

3. a) La Consejería de Sanidad.

4. d) Universalización de los servicios sanitarios de carácter individual exclusivamente para las personas residentes en la Comunidad de Madrid, en todo caso, en la forma y condiciones previstas en la legislación general que resulte de aplicación, atendiendo a los principios de igualdad y solidaridad y equidad en el acceso.

5. b) Funcional.

6. b) El Gobierno de la Comunidad de Madrid.

7. d) La aprobación del Plan de Salud.

8. a) El establecimiento de normas y criterios de actuación en cuanto a la acreditación de centros y servicios.

9. b) El Gobierno de la Comunidad de Madrid.

10. d) Todas son correctas.

11. b) La Consejería de Sanidad.

12. a) Desarrollará la prevención, protección, promoción y mejora de la salud integral del trabajador.

13. c) Los rendimientos obtenidos de los fondos y tributos cedidos total o parcialmente por la Comunidad de Madrid al Estado, para fines sanitarios.

14. a) Le corresponde a la Autoridad Sanitaria de la Comunidad de Madrid, en el ámbito de su competencia, la coordinación sanitaria cuyo propósito es el de vertebrar el Sistema Sanitario, integrando la diversidad de actuaciones de la sociedad civil y las distintas administraciones sanitarias, en relación con los objetivos de salud y evitando las disfunciones que puedan dificultar la funcionalidad del Sistema.

15. d) La vigilancia en salud pública y la difusión de la información epidemiológica general y específica para fomentar el conocimiento detallado de los problemas de salud.

16. d) Todas son correctas.

17. a) Control sanitario y salubridad.

18. d) Los recursos que correspondan en los mismos casos, plazos y formas previstos en la Ley de Procedimiento Administrativo.

19. b) Los rendimientos obtenidos de los fondos y tributos cedidos total o parcialmente por el Estado a la Comunidad de Madrid para fines sanitarios.

20. b) La creación del Sistema Sanitario de la Comunidad de Madrid se realiza bajo el principio de vertebración del Sistema Nacional de Salud, con el objeto de consolidar la universalidad, la equidad y la igualdad efectiva en el acceso a sus prestaciones.

TEST N.º 5

La ley 1/2004, de Medidas de Protección Integral contra la Violencia de Género: principios rectores, medidas de sensibilización, prevención y detección en el ámbito sanitario. Derechos de las funcionarias públicas. Ley 5/2005, de 20 de diciembre, integral contra la violencia de género de la Comunidad de Madrid. Ley Orgánica 3/2007, para la Igualdad Efectiva de Mujeres y Hombres: Objeto y ámbito de la ley. Integración del principio de igualdad en la política de salud. Modificaciones de la Ley General de Sanidad. Ley 3/2016, de 22 de julio, de protección integral contra la LGTBfobia y la discriminación por razón de orientación en identidad sexual en la Comunidad de Madrid

1. La aplicación de la Ley Orgánica 1/2004, de 28 de diciembre:

a) No supone la existencia necesariamente de convivencia entre la víctima y el agresor.
b) Supone que en algún momento anterior haya existido convivencia entre la víctima y el agresor,
c) Supone la convivencia, al menos en el momento del hecho, entre la víctima y el agresor.
d) Supone siempre la inexistencia de convivencia entre la víctima y el agresor.

2. Las medidas de protección integral de la Ley Orgánica 1/2004, de 28 de diciembre:

a) No tienen finalidad sancionadora.
b) Su finalidad es esencialmente reparadora.
c) Tienen finalidad previsora y sancionadora.
d) Tienen finalidad prioritariamente sancionadora.

3. La violencia de género a que se refiere la Ley Orgánica 1/2004, de 28 de diciembre:

a) Comprende excepcionalmente la violencia psicológica
b) Comprende la violencia psicológica siempre que vaya unida a la violencia física.

c) Excluye la violencia psicológica.

d) Incluye la violencia psicológica por sí.

4. La violencia de género a que se refiere la Ley Orgánica 1/2004, de 28 de diciembre:

a) Incluye las amenazas y las coacciones.

b) Incluye las amenazas y las coacciones solo cuando vayan acompañadas o seguidas de privación de libertad.

c) Incluye las amenazas, pero no las coacciones salvo que vayan seguidas de hechos violentos.

d) Incluye las coacciones pero no las amenazas salvo que vayan seguidas de hechos violentos.

5. La Ley Orgánica 1/2004, de 28 de diciembre tiene como objetivo establecer un sistema integral de tutela institucional:

a) Por parte de la Administración Estatal y de las Administraciones de las Comunidades Autónomas que tengan competencia sobre la materia, así como de las Entidades Locales.

b) Por parte de las Cortes y de las Asambleas Legislativas de las Comunidades Autónomas.

c) Por parte de la Administración General del Estado

d) Por parte de la Administración Estatal y de las Administraciones de las Comunidades Autónomas.

6. La LO 1/2004 tiene por objeto:

a) Actuar contra la violencia que, como manifestación de la discriminación, la situación de desigualdad y las relaciones de poder de los hombres sobre las mujeres, se ejerce sobre éstas por parte de quienes sean o hayan sido sus cónyuges o de quienes estén o hayan estado ligados a ellas por relaciones similares de afectividad, aun sin convivencia.

b) Actuar contra la violencia que, como manifestación de la discriminación, la situación de desigualdad y las relaciones de poder de los hombres sobre las mujeres, se ejerce sobre éstas por parte de quienes sean o hayan sido sus cónyuges o de quienes estén o hayan estado ligados a ellas por relaciones similares de afectividad, siempre que exista convivencia.

c) Actuar contra la violencia que, como manifestación de la discriminación, la situación de desigualdad y las relaciones de poder de los hombres sobre las mujeres, se ejerce sobre éstas por parte de quienes sean sus cónyuges o de quienes estén ligados a ellas por relaciones similares de afectividad, siempre que exista convivencia.

d) Actuar contra la violencia que, como manifestación de la discriminación, la situación de desigualdad y las relaciones de poder de los hombres sobre las mujeres, se ejerce sobre éstas por parte de quienes sean sus cónyuges o de quienes estén ligados a ellas por relaciones similares de afectividad, aun sin convivencia.

7. Conforme al artículo 2 de la LO 1/2004, un principio rector de esta ley es consagrar los derechos de las mujeres víctimas de violencia de género exigibles ante las Administraciones Públicas, y así asegurar un acceso a los servicios establecidos al efecto, rápido, transparente y:

a) Eficaz.
b) Duradero.
c) Seguro.
d) Económico.

8. Según el artículo 2 de la LO 1/2004, uno de los fines a alcanzar a través del conjunto integral de medidas articulado en esta ley es, garantizar derechos económicos para las mujeres víctimas de violencia de género:

a) Así como establecer un sistema para la más eficaz coordinación de los servicios ya existentes a nivel municipal y autonómico.
b) Para asegurar la prevención de los hechos de violencia de género.
c) Con el fin de facilitar su integración social.
d) Promoviendo la colaboración y participación de las entidades, asociaciones y organizaciones que desde la sociedad civil actúan contra la violencia de género.

9. Conforme al artículo 3 de la LO 1/2004, el Plan Nacional de Sensibilización y Prevención de la Violencia de Género debe dirigirse tanto a hombres como a mujeres desde un trabajo comunitario y:

a) Multidisciplinar.
b) Integral.
c) Complementario.
d) Intercultural.

10. Conforme al artículo 3 de la LO 1/2004, con el fin de prevenir la violencia de género, en el marco de sus competencias, los poderes públicos deben impulsar:

a) Cursos de información y sensibilización.
b) Campañas de información y sensibilización.
c) Programas de información y sensibilización.
d) Jornadas de información y sensibilización.

11. La Comisión contra la Violencia de Género del Consejo Interterritorial del Sistema Nacional de Salud estará compuesta por representantes:

a) De todos los Parlamentos autonómicos.
b) De las asociaciones y organizaciones no gubernamentales cuyo fin sea la prevención y erradicación de la violencia de género.
c) De todas las Comunidades Autónomas con competencia en la materia.
d) De todos los partidos políticos con representación parlamentaria.

12. Las ausencias o faltas de puntualidad al trabajo motivadas por la situación física o psicológica derivada de la violencia de género se considerarán:

a) Justificadas, cuando así lo determinen las autoridades judiciales.
b) Justificadas en todo caso.
c) Justificadas, cuando así lo determinen los servicios sociales de atención o servicios de salud, según proceda.
d) Faltas leves.

13. Señale la respuesta incorrecta. Según la Ley Orgánica 1/2004, de 28 de diciembre, de medidas de protección integral contra la violencia de género, las funcionarias víctimas de violencia de género tendrán derecho a:

a) La movilidad geográfica de centro de trabajo.
b) La excedencia por este motivo.
c) Acceder a la promoción interna de forma preferente.
d) La reducción o reordenación de su tiempo de trabajo.

14. La Comunidad de Madrid, en colaboración con las Corporaciones Locales, realizará un estudio sobre el impacto de la violencia de género en la Región, así como una valoración de necesidades, recursos y servicios de atención a las víctimas:

a) Semestralmente.
b) Anualmente.
c) Bianualmente.
d) Cada cuatro años.

15. Teniendo en cuenta que la Violencia de Género tiene su origen en la desigualdad entre hombres y mujeres, la atención a las víctimas en la Comunidad de Madrid se realizará desde la consideración de las causas estructurales del problema, así como de las especiales circunstancias en las que aquellas se encuentran, en virtud del principio de:

a) Asistencia integral.
b) Efectividad.
c) Integración.
d) Perspectiva de género.

16. Los pisos tutelados de la Comunidad de Madrid, tienen por objeto dispensar alojamiento y seguimiento psicosocial a las mujeres y personas a su cargo que han finalizado el proceso de atención en un Centro de Acogida y que continúan precisando de apoyo en la consecución de su autonomía personal por un tiempo máximo de:

a) 6 meses.
b) 12 meses.
c) 18 meses.
d) 2 años.

17. Los Centros de Emergencia de la Comunidad de Madrid, tienen por objeto dispensar alojamiento seguro e inmediato, así como manutención y otros gastos a las mujeres y menores a su cargo, por un tiempo máximo de:

a) 2 meses.
b) 4 meses.
c) 12 meses.
d) 18 meses.

18. En la Comunidad de Madrid, la atención psicológica y social, dirigida a las mujeres víctimas de Violencia de Género y los menores que se encuentren bajo su patria potestad, tutela, guarda o situación análoga y personas dependientes de la mujer víctima de Violencia de Género, tiene por objeto reparar el daño sufrido mediante una intervención integral y:

a) Humanitaria.
b) Especializada.
c) Colegiada.
d) Transparente.

19. ¿Cuál de las siguientes es la Ley integral contra la violencia de género de la Comunidad de Madrid?

a) Ley 5/2005, de 20 de diciembre.
b) Ley 20/2005, de 5 de diciembre.
c) Ley 15/2010, de 20 de noviembre.
d) Ley 10/2010, de 5 de noviembre.

20. En relación con el acceso de las mujeres víctimas de violencia de género a los correspondientes servicios de información y orientación jurídica de la Comunidad de Madrid, es cierto que:

a) Deberán aportar documento acreditativo de su condición de víctima.
b) Deberán prestar sus datos de identificación personal.
c) Tendrán que acudir acompañadas de un testigo.
d) Podrán conservar su anonimato.

En MADTEST tienes **más preguntas de este tema**, y todos tus avances quedan registrados y se reflejan en el ranking.

¡Supera tus límites con MADTEST!

Solución al test n.º 5

1. a) No supone la existencia necesariamente de convivencia entre la víctima y el agresor.

2. c) Tienen finalidad previsora y sancionadora.

3. d) Incluye la violencia psicológica por sí.

4. a) Incluye las amenazas y las coacciones.

5. c) Por parte de la Administración General del Estado.

6. a) Actuar contra la violencia que, como manifestación de la discriminación, la situación de desigualdad y las relaciones de poder de los hombres sobre las mujeres, se ejerce sobre éstas por parte de quienes sean o hayan sido sus cónyuges o de quienes estén o hayan estado ligados a ellas por relaciones similares de afectividad, aun sin convivencia.

7. a) Eficaz.

8. c) Con el fin de facilitar su integración social.

9. d) Intercultural.

10. b) Campañas de información y sensibilización.

11. c) De todas las Comunidades Autónomas con competencia en la materia.

12. c) Justificadas, cuando así lo determinen los servicios sociales de atención o servicios de salud, según proceda.

13. c) Acceder a la promoción interna de forma preferente.

14. c) Bianualmente.

15. d) Perspectiva de género.

16. c) 18 meses.

17. a) 2 meses.

18. b) Especializada.

19. a) Ley 5/2005, de 20 de diciembre.

20. d) Podrán conservar su anonimato.

TEST N.º 6

Ley 11/2017, de 22 de diciembre, de Buen Gobierno y Profesionalización de la Gestión de los Centros y Organizaciones Sanitarias del Servicio Madrileño de Salud

1. No es un órgano de asesoramiento y participación:

a) La Junta Técnico Asistencial.
b) Las Comisiones Técnicas Consultivas.
c) Las Comisiones de Dirección.
d) Los Consejos Territoriales de Salud.

2. ¿A quién le corresponde examinar y evaluar la actividad asistencial y su vinculación con la ejecución presupuestaria de la organización?

a) A la Comisión de Dirección.
b) A la Junta Técnico Asistencial.
c) A los Consejos Territoriales de Salud.
d) A la Junta de Gobierno.

3. La Junta de Gobierno se reunirá con carácter ordinario:

a) Al menos una vez al trimestre.
b) Al menos dos veces al mes.
c) Mensualmente.
d) Cada quince días.

4. Elaborar y elevar a la Junta de Gobierno para su aprobación y posterior remisión a la Dirección General del Servicio Madrileño de Salud, la memoria anual es competencia de:

a) La Junta Técnico Asistencial.
b) La Comisión de Dirección.
c) El personal directivo dependiente de la Dirección Gerencia o Dirección Territorial de Atención Primaria.
d) La Dirección Gerencia y la Dirección Territorial de Atención Primaria.

5. El mandato de los miembros de la Junta de Gobierno propuestos conforme al artículo 5.4.b) de la Ley 11/2017, será de:

a) Cinco años.
b) Cuatro años.
c) Tres años.
d) carácter vitalicio.

6. Las organizaciones del Servicio Madrileño de Salud contarán con personal directivo:

a) Su número y denominación dependerá de la naturaleza de la organización, de su tamaño y características específicas.
b) Por Ley se determinará la estructura marco para los diferentes tipos de organiza-ciones del Servicio Madrileño de Salud.
c) El Director General del SERMA propondrá la designación del personal directivo.
d) Todas son correctas.

7. Señala la respuesta correcta en relación a la composición de la Junta de Gobierno, que se establece como máximo:

a) Un Presidente, dos Vicepresidentes y 10 Vocales.
b) Un Presidente, un Vicepresidente y 11 Vocales.
c) Un Presidente, un Secretario y 7 Vocales.
d) Un Presidente, un Secretario y 10 Vocales.

8. ¿Cuántos Vocales de la Junta de Gobierno son propuestos por el Servicio Madrileño de Salud?

a) Ninguno.
b) Dos.
c) Cuatro.
d) Seis.

9. Entre los órganos de dirección de las organizaciones del Servicio Madrileño de Salud no se encuentra:

a) El Director Gerente.
b) El Director Territorial.
c) La Dirección Gerencia del SUMA 112.
d) Los Consejos Territoriales de Salud.

10. ¿A quién le corresponde promover la participación comunitaria en el ámbito de actuación de la Dirección Territorial de Atención Primaria?

a) Al Pleno de los Consejos Territoriales de Salud.
b) A las Comisiones Técnicas Consultivas.

c) A la Junta Técnico Asistencial.
d) Ninguna es correcta.

11. En las Direcciones Territoriales de Atención Primaria, no es una Comisión Técnica Consultiva:

a) La Comisión de Calidad y Seguridad del Paciente.
b) La Comisión de Salud Mental.
c) La Comisión de Formación e Investigación.
d) La Comisión de Evaluación de Tecnología.

12. En relación a la Comisión de Dirección es cierto que:

a) Estará presidida por el Consejero de Sanidad.
b) Le corresponde realizar el control del gasto ajustado a la actividad establecida en el contrato programa.
c) Asume la coordinación de los diferentes niveles asistenciales así como de los diversos dispositivos socio-sanitarios.
d) Ejerce el control de la ejecución y consecución de objetivos.

13. ¿A qué órgano le corresponde, aprobar con periodicidad anual el inventario y la Memoria expresiva de las actividades asistenciales, docentes e investigadoras y de la gestión económica de la organización?

a) A la Junta de Gobierno.
b) Al Director Gerente.
c) A la Comisión de Dirección.
d) A la Junta Técnico Asistencial.

14. ¿Quién preside la Junta Técnica Asistencial en los centros hospitalarios?

a) El Director Territorial.
b) El Director Gerente.
c) El Director médico.
d) Ninguna es correcta.

15. Señala la respuesta correcta sobre los Consejos Territoriales de Salud:

a) Funcionarán en Pleno y en Comisión de Coordinación.
b) Su composición se fijará por Ley.
c) Formará parte del mismo el director territorial de atención especializada.
d) Su Presidente, será el alcalde del municipio donde se ubique el hospital o Dirección Territorial de Atención Primaria.

16. La Comisión de Tejidos y Tumores es una Comisión Técnica Consultiva:

a) En los hospitales del Servicio Madrileño de Salud.
b) Es una Comisión creada si la actividad desarrollada y las características del centro hospitalario lo aconsejan.

c) Es una Comisión en las Direcciones Territoriales de Atención Primaria.
d) Ninguna es correcta.

17. Respecto a los informes, dictámenes y recomendaciones de la Junta Técnica Asistencial es cierto que:

a) Son vinculantes.
b) Las actuaciones en las que no se atienda su criterio requerirán notificación.
c) Las actuaciones en las que no se atienda su criterio requerirán motivación suficiente y adecuada.
d) Todas son correctas.

18. El SUMA 112 es:

a) Un órgano directivo unipersonal.
b) Un órgano de Dirección unipersonal.
c) Un órgano de asesoramiento y participación.
d) Ninguna es correcta.

19. Tener acceso regular al cuadro de mando de la organización sobre toda la actividad asistencial de la misma incluyendo tiempos de demora en los diversos servicios es competencia de:

a) La Comisión de Dirección.
b) La Junta Técnica Asistencial.
c) Los Consejos Territoriales de Salud.
d) La Junta de Gobierno.

20. ¿A quién debe elevar los informes que considere necesario la Junta Técnico Asistencial?

a) A ningún órgano.
b) A la Dirección Gerencia de los centros hospitalarios.
c) A la Dirección Territorial de Atención Primaria.
d) A la Junta de Gobierno y a la Comisión de Dirección.

En MADTEST tienes **más preguntas de este tema**, y todos tus avances quedan registrados y se reflejan en el ranking.

¡Supera tus límites con MADTEST!

Solución al test n.º 6

1. c) Las Comisiones de Dirección.

2. d) A la Junta de Gobierno.

3. a) Al menos una vez al trimestre.

4. d) La Dirección Gerencia y la Dirección Territorial de Atención Primaria.

5. a) Cinco años.

6. a) Su número y denominación dependerá de la naturaleza de la organización, de su tamaño y características específicas..

7. b) Un Presidente, un Vicepresidente y 11 Vocales.

8. d) Seis.

9. d) Los Consejos Territoriales de Salud.

10. a) Al Pleno de los Consejos Territoriales de Salud.

11. d) La Comisión de Evaluación de Tecnología.

12. b) Le corresponde realizar el control del gasto ajustado a la actividad establecida en el contrato programa.

13. a) A la Junta de Gobierno.

14. c) El Director médico.

15. a) Funcionarán en Pleno y en Comisión de Coordinación.

16. b) Es una Comisión creada si la actividad desarrollada y las características del centro hospitalario lo aconsejan.

17. c) Las actuaciones en las que no se atienda su criterio requerirán motivación suficiente y adecuada.

18. b) Un órgano de Dirección unipersonal.

19. b) La Junta Técnica Asistencial.

20. d) A la Junta de Gobierno y a la Comisión de Dirección.

TEST N.º 7

Ley 41/2002, de 14 de noviembre, básica reguladora de la autonomía del paciente y de derechos y obligaciones en materia de información y documentación clínica. El derecho de información sanitaria. El derecho a la intimidad. El respeto a la autonomía del paciente. La historia clínica. El consentimiento informado. La tarjeta sanitaria

1. La Ley de Autonomía del Paciente establece la obligatoriedad de obtener el consentimiento informado del paciente:

a) Solo en los casos de intervención quirúrgica.

b) Solo en los casos de aplicación de procedimientos que supongan grandes riesgos o inconvenientes de notoria repercusión negativa sobre su salud.

c) Para toda actuación en el ámbito de su salud.

d) La Ley no establece esta obligación.

2. Tal y como establece la Ley 41/2002, de Autonomía del Paciente, en caso de que el paciente no acepte el tratamiento se le propondrá que firme el alta voluntaria y si no la firma la Dirección del Centro:

a) Puede disponer el alta forzosa.

b) Firmará en su nombre el alta involuntaria.

c) Mantendrá el ingreso por periodo mínimo de cinco días naturales.

d) No está reconocida la negativa al tratamiento de los pacientes.

3. El derecho del paciente a no ser informado:

a) No está reconocido por la ley.

b) Podrá restringirse en cualquier momento.

c) Podrá restringirse cuando sea estrictamente necesario en beneficio del paciente.

d) Solo podrá ejercitarse si el paciente designa a un familiar o a otra persona a la que se le facilite la información.

4. El reconocimiento legal de que se respeten los deseos expresados anteriormente en el documento de *instrucciones previas* es una manifestación del derecho:

a) A la información sanitaria.
b) A la segunda opinión.
c) A la autonomía del paciente.
d) A la información post-mortem.

5. Indique la proposición incorrecta en relación con los requisitos del consentimiento:

a) Debe ser libre.
b) Debe ser voluntario.
c) La decisión de consentir debe anteceder a una información adecuada.
d) La persona que lo presta debe tener capacidad para conocer, comprender y querer el alcance de su decisión.

6. La Ley 41/2002, de Autonomía del paciente, establece que, como regla general, el consentimiento se manifestará en forma:

a) Verbal.
b) Escrita.
c) Documental.
d) Ante testigos.

7. Según establece la Ley 41/2002, de Autonomía del paciente, el paciente o usuario tiene derecho a decidir libremente entre las opciones clínicas disponibles después de recibir:

a) Información completa.
b) Información adecuada.
c) Información documental.
d) Información escrita.

8. La renuncia del paciente a recibir información:

a) No se reconoce por la ley.
b) Está limitada por el interés de la salud del propio paciente.
c) No está limitada por el interés de la salud de terceros.
d) Ninguna de las anteriores es correcta.

9. Según establece la Ley 41/2002, de Autonomía del paciente, ha de constar siempre por escrito:

a) La información al paciente.
b) El consentimiento informado.

c) La aceptación del tratamiento.

d) La negativa al tratamiento.

10. En la legislación sanitaria española, el consentimiento escrito del paciente:

a) Es una exigencia legal.

b) Es conveniente.

c) Es obligatorio en determinados supuestos.

d) No es necesario.

11. Según establece la Ley de Autonomía del Paciente el consentimiento se prestará por escrito en el caso de:

a) Realización de una actuación sanitaria en el paciente.

b) Aplicación en el paciente de un procedimiento no invasor.

c) Intervención quirúrgica.

d) Aplicación de procedimientos de imprevisible repercusión negativa sobre la salud del paciente.

12. Según determina la Ley 41/2002, el paciente tiene derecho a recibir un informe de alta:

a) Solo si ha existido ingreso hospitalario.

b) A la finalización del proceso asistencial.

c) En cuyo contenido mínimo habrán de figurar, entre otros, datos de información sanitaria epidemiológica.

d) Previa solicitud.

13. Existen supuestos legales en los que los facultativos pueden llevar a cabo las intervenciones clínicas indispensables en favor de la salud del paciente sin necesidad de contar con su consentimiento ni el de sus representantes o familiares. Señale uno de ellos:

a) Cuando el paciente esté incapacitado legalmente.

b) Cuando existe riesgo para la salud pública según determinen las autoridades sanitarias.

c) En caso de riesgo inmediato grave para la integridad física de otro paciente.

d) Cuando el paciente no sea capaz de tomar decisiones.

14. La Ley de Autonomía del paciente reconoce el derecho a que se respeten los deseos expresados anteriormente en el:

a) Testamento vital.

b) Documento de voluntades anticipadas.

c) Documento de instrucciones previas.
d) Documento de instrucciones preliminares.

15. No serán aplicadas las instrucciones previas:

a) Que no se hayan formalizado ante notario.
b) Que incorporen actuaciones previstas en el ordenamiento jurídico.
c) Que incorporen previsiones contrarias a la buena práctica clínica.
d) Que se correspondan exactamente con el supuesto de hecho previsto por el sujeto en el momento de emitirlas.

16. ¿Cuándo puede revocar el paciente su consentimiento?

a) Hasta 48 horas antes de llevarse a cabo la intervención que hubiese consentido.
b) En cualquier momento.
c) Cuando así lo considere oportuno el director del centro sanitario.
d) Nunca, si lo prestó por escrito.

17. ¿En cuál de los siguientes supuestos se otorgará el consentimiento por representación?

a) Cuando el paciente esté incapacitado legalmente.
b) Cuando el paciente mayor de edad no sea capaz intelectual ni emocionalmente de comprender el alcance de la intervención.
c) Cuando el paciente, aun cuando sea capaz de tomar decisiones, a criterio del médico responsable de la asistencia, considere que no es suficientemente adulto como para entender su situación.
d) Todas las respuestas son correctas.

18. ¿En qué circunstancias se puede proceder sobre el paciente sin su consentimiento?

a) En una intervención quirúrgica rutinaria.
b) En un cateterismo necesario, aunque existan otras alternativas.
c) En situaciones de riesgos para la Salud Pública.
d) En la realización de una radiografía simple como prueba complementaria.

19. ¿Cuándo se otorgará consentimiento informado por el representante del paciente?

a) Nunca.
b) Cuando éste no sea capaz de tomar decisiones por encontrarse en coma.
c) Cuando éste no sea capaz de tomar decisiones por alteración grave de su estado psíquico.
d) Son ciertas b) y c).

20. ¿Qué no es cierto o no se reconoce del documento de instrucciones previas?

a) La voluntad de una persona mayor de edad, capaz y libre.

b) La voluntad que su contenido se cumpla "a posteriori" del procedimiento quirúrgico o/y médico a seguir con el paciente que lo realiza, ante la imposibilidad que él pueda otorgar su consentimiento.

c) La voluntad del paciente ante una circunstancia física que le impida dar su consentimiento, respecto a cuidados y el tratamiento de su salud.

d) La voluntad de los familiares, del fin de su cadáver, aunque él diga lo contrario en el documento de instrucciones previas.

En MADTEST tienes **más preguntas de este tema**, y todos tus avances quedan registrados y se reflejan en el ranking.

¡Supera tus límites con MADTEST!

Solución al test n.º 7

1. c) Para toda actuación en el ámbito de su salud.

2. a) Puede disponer el alta forzosa.

3. c) Podrá restringirse cuando sea estrictamente necesario en beneficio del paciente.

4. c) A la autonomía del paciente.

5. c) La decisión de consentir debe anteceder a una información adecuada.

6. a) Verbal.

7. b) Información adecuada.

8. b) Está limitada por el interés de la salud del propio paciente.

9. d) La negativa al tratamiento.

10. c) Es obligatorio en determinados supuestos.

11. c) Intervención quirúrgica.

12. b) A la finalización del proceso asistencial.

13. d) Cuando el paciente no sea capaz de tomar decisiones.

14. c) Documento de instrucciones previas.

15. c) Que incorporen previsiones contrarias a la buena práctica clínica.

16. b) En cualquier momento.

17. a) Cuando el paciente esté incapacitado legalmente.

18. c) En situaciones de riesgos para la Salud Pública.

19. d) Son ciertas b) y c).

20. d) La voluntad de los familiares, del fin de su cadáver, aunque él diga lo contrario en el documento de instrucciones previas.

TEST N.º 8

Ley 55/2003, de 16 de diciembre del Estatuto Marco del Personal Estatutario de los Servicios de Salud: clasificación del personal. Derechos y deberes. Adquisición y pérdida de la condición de personal estatutario. Régimen disciplinario

1. La Ley 55/2003 del Estatuto Marco de Personal Estatutario de los Servicios de Salud es aplicable:

a) Al personal estatutario de los servicios de salud.
b) Al personal sanitario excluyendo al personal de gestión y servicios.
c) Al personal funcionario de las Comunidades Autónomas.
d) Al personal funcionario del Estado.

2. El personal estatutario con nombramiento expedido para el ejercicio de una profesión o especialidad sanitaria se denomina:

a) Personal sanitario.
b) Otro personal.
c) Personal de mantenimiento.
d) Personal de gestión y servicios.

3. El personal estatutario con nombramiento expedido para el desempeño de funciones de gestión o para el desempeño de profesiones u oficios que no tengan carácter sanitario se denomina:

a) Personal universitario.
b) Personal de gestión y servicios.
c) Personal directivo.
d) Personal administrativo.

4. Conforme a lo dispuesto en el artículo 2.2 de la Ley 55/2003, de 16 de diciembre, del Estatuto Marco del personal estatutario de los servicios de salud, en lo no previsto en la misma serán aplicables al personal estatutario:

a) Las disposiciones y principios generales sobre función pública de la Administración correspondiente.

b) Las disposiciones de derecho laboral, dictadas al amparo del artículo 149.1.7º de la Constitución.

c) Las disposiciones sobre función pública de la Administración del Estado, en todo caso, conforme a lo dispuesto en el artículo 149.3 de la Constitución.

d) El convenio colectivo del personal laboral al servicio de la Administración correspondiente.

5. Conforme al artículo 6.2 de la Ley 55/2003, de 16 de diciembre, del Estatuto Marco del personal estatutario de los servicios de salud, atendiendo al nivel académico del título exigido para el ingreso, el personal estatutario sanitario de formación profesional se divide en:

a) Técnicos sanitarios y Auxiliares de Enfermería.

b) Técnicos superiores y Técnicos.

c) Técnicos superiores y Técnicos de gestión.

d) Técnicos especialistas y Técnicos.

6. La categoría profesional de Celador está comprendida dentro del grupo de:

a) Personal de gestión y servicios.

b) Personal no estatutario.

c) Personal estatutario sanitario.

d) Personal estatutario de formación profesional.

7. Es personal Estatutario Sanitario:

a) El que ejerce una profesión o especialidad sanitaria.

b) El que ostenta esta condición en virtud de nombramiento expedido para el ejercicio de una profesión o especialización sanitaria.

c) El que desempeña una categoría clasificada como sanitaria.

d) Quien ejerza una profesión sanitaria sin ostentar la condición de funcionario.

8. El personal Estatutario de Gestión y Servicio se clasifica en función del título exigido para el ingreso en:

a) Personal de formación universitaria, personal de formación personal y otro personal.

b) Personal universitario, personal de formación profesional y personal subalterno.

c) Personal licenciado universitario, personal de administración y personal auxiliar.

d) Ninguna es correcta.

9. En el supuesto de existencia de plaza vacante, son estatutarios interinos los que, por razones expresamente justificadas de necesidad y urgencia, son nombrados como tales con carácter temporal para el desempeño de funciones propias de estatutarios, cuando no sea posible su cobertura por personal estatutario fijo, durante un plazo máximo de:

a) Dos años.
b) Tres años.
c) Cuatros años.
d) Seis años.

10. El incumplimiento del plazo máximo de permanencia dará lugar a una compensación económica para el personal estatutario temporal afectado, que será equivalente a:

a) Veinte días de sus retribuciones fijas por año de servicio.
b) Veinte días de su sueldo, más trienios y complemento de destino por año de servicio.
c) Veinte días de todas sus retribuciones por año de servicio.
d) Veinte días de su sueldo por año de servicio.

11. No constituye un derecho individual del personal estatutario:

a) La estabilidad en el empleo.
b) La movilidad voluntaria.
c) El descanso necesario.
d) La negociación colectiva.

12. El régimen de derechos del personal estatutario será aplicable al personal temporal:

a) En la medida en que la naturaleza del derecho lo permita.
b) En todo caso.
c) En ningún caso.
d) Solo cuando así se establezca en su nombramiento.

13. En relación con los derechos y deberes regulados en el Estatuto Marco, no se considera un derecho colectivo:

a) La huelga.
b) La actividad sindical.
c) La reunión.
d) La estabilidad en el empleo.

14. Entre los siguientes derechos que le reconoce el Estatuto Marco al personal estatutario, ¿cuál de ellos no tiene el carácter de derecho individual?

a) La estabilidad en el empleo.
b) El respeto a la dignidad e intimidad personal en el trabajo.
c) La formación continuada adecuada a la función desempeñada.
d) Disponer de servicios de prevención y de órganos representativos en materia de seguridad laboral.

15. El personal estatutario de los servicios de salud tiene el deber de:

a) Participar en la elaboración de los convenios colectivos.
b) Realizar sus funciones fuera del horario y jornada habitual.
c) Realizar actividades sindicales.
d) Respetar la Constitución, el Estatuto de Autonomía correspondiente y el resto del ordenamiento jurídico.

16. Según el Estatuto Marco del Personal Estatutario de los Servicios de Salud, ¿cuál de los siguientes es un derecho colectivo?

a) Derecho a la percepción puntual de las retribuciones e indemnizaciones por razón del servicio en cada caso establecidas.
b) Derecho a la libre sindicación.
c) Derecho a la movilidad voluntaria, promoción interna y desarrollo profesional, en la forma en que prevean las disposiciones en cada caso aplicables.
d) Derecho a la jubilación en los términos y condiciones establecidas en las normas en cada caso aplicables.

17. La condición de personal estatutario fijo se adquiere:

a) Por la superación de las pruebas de selección, contrato firmado con el órgano competente e incorporación a una plaza.
b) Por la superación de las pruebas de selección, publicación de su designación en el boletín oficial correspondiente e incorporación a la plaza.
c) Por la superación de la prueba selectiva, nombramiento conferido por el órgano competente e incorporación a la plaza.
d) Ninguna es correcta.

18. Quienes no acrediten, una vez superado el proceso selectivo, que reúnen los requisitos y condiciones exigidos en la convocatoria:

a) No podrán ser nombrados hasta que subsanen el defecto.
b) No podrán ser nombrados, y quedarán sin efecto sus actuaciones.
c) Podrán ser nombrados de forma condicional.
d) Una vez superado el proceso selectivo, se entiende que reúnen los requisitos exigidos, salvo prueba en contrario.

19. No es causa de extinción de la condición de personal estatutario fijo:

a) La renuncia.
b) La jubilación.
c) La sanción disciplinaria firme de separación del servicio.
d) La incapacidad temporal.

20. La incapacidad permanente, cuando sea declarada en sus grados de incapacidad permanente total para la profesión habitual, absoluta para todo trabajo o gran invalidez conforme a las normas reguladoras del Régimen General de la Seguridad Social:

a) Da derecho a la reserva del puesto.
b) Produce la suspensión de la condición de personal estatutario.
c) Produce la pérdida de la condición de personal estatutario.
d) Imposibilita la recuperación de la condición de personal estatutario fijo.

En MADTEST tienes **más preguntas de este tema**, y todos tus avances quedan registrados y se reflejan en el ranking.

¡Supera tus límites con MADTEST!

Solución al test n.º 8

1. a) Al personal estatutario de los servicios de salud.

2. a) Personal sanitario.

3. b) Personal de gestión y servicios.

4. a) Las disposiciones y principios generales sobre función pública de la Administración correspondiente.

5. b) Técnicos superiores y Técnicos.

6. a) Personal de gestión y servicios.

7. b) El que ostenta esta condición en virtud de nombramiento expedido para el ejercicio de una profesión o especialización sanitaria.

8. a) Personal de formación universitaria, personal de formación personal y otro personal.

9. b) Tres años.

10. a) Veinte días de sus retribuciones fijas por año de servicio.

11. d) La negociación colectiva.

12. a) En la medida en que la naturaleza del derecho lo permita.

13. d) La estabilidad en el empleo.

14. d) Disponer de servicios de prevención y de órganos representativos en materia de seguridad laboral.

15. d) Respetar la Constitución, el Estatuto de Autonomía correspondiente y el resto del ordenamiento jurídico.

16. b) Derecho a la libre sindicación.

17. c) Por la superación de la prueba selectiva, nombramiento conferido por el órgano competente e incorporación a la plaza.

18. b) No podrán ser nombrados, y quedarán sin efecto sus actuaciones.

19. d) La incapacidad temporal.

20. c) Produce la pérdida de la condición de personal estatutario.

TEST N.º 9

Prevención de Riesgos Laborales. La Ley 31/1995, de 8 de noviembre, de Prevención de Riesgos Laborales: derechos y obligaciones; consulta y participación de los trabajadores. Prevención de riesgos laborales específicos de la categoría. Especial referencia a la manipulación manual de cargas y al riesgo biológico, medidas de prevención. Ergonomía: métodos de movilización de enfermos e incapacitados

1. Los representantes de los trabajadores con competencia en materia de prevención de riesgos laborales son:

a) Los miembros de la Junta de personal, Junta Facultativo y Junta de Enfermería.
b) Los técnicos de prevención de riesgos laborales.
c) El Servicio de Medicina Preventiva.
d) Los delegados de prevención.

2. Qué se entiende por "riesgo laboral":

a) La posibilidad de que un trabajador sufra un determinado daño derivado del trabajo.
b) La posibilidad de que un trabajador sufra una enfermedad en el trabajo.
c) La posibilidad de que un trabajador sufra acoso.
d) El riesgo que supone el ir a trabajar.

3. ¿Quién debe garantizar a los trabajadores la vigilancia periódica de su estado de salud en función de los riesgos inherentes al trabajo?:

a) La Inspección de Trabajo.
b) El propio trabajador.
c) El empresario.
d) Las secciones sindicales.

4. El derecho básico reconocido a los trabajadores por la Ley 31/1995, de 8 de noviembre, es:

a) La vigilancia de su estado de salud.
b) Una protección eficaz en materia de seguridad y salud en el trabajo.
c) La formación en materia preventiva.
d) La información, consulta y participación.

5. Indica cuál es la definición de prevención:

a) La probabilidad racional de que un riesgo se materialice de forma inminente.
b) El estudio de los procesos potencialmente peligrosos para el trabajo.
c) Conjunto de actividades o medidas adoptadas o previstas en todas las fases de actividad de la empresa con el fin de evitar o disminuir los riesgos derivados del trabajo.
d) Posibilidad de que un trabajador sufra un determinado daño derivado del trabajo.

6. Señale la respuesta incorrecta:

a) La Ley de Prevención de Riesgos Laborales se aplica a los operativos de Seguridad civil en casos de catástrofe.
b) La Ley de Prevención de Riesgos Laborales se aplica a las sociedades cooperativas.
c) En el ámbito de la relación laboral de carácter especial del servicio del hogar familiar, las personas trabajadoras tienen derecho a una protección eficaz en materia de seguridad y salud en el trabajo.
d) En los establecimientos penitenciarios, se adaptarán a la Ley de Prevención de Riesgos Laborales aquellas actividades cuyas características justifiquen una regulación especial.

7. ¿Cuál es la vigente Ley de Prevención de Riesgos Laborales?

a) Ley 32/1995, de 8 de noviembre.
b) Ley 30/1996, de 8 de noviembre.
c) Ley 31/1995, de 6 de noviembre.
d) Ley 31/1995, de 8 de noviembre

8. Entre los principios de la acción preventiva recogidos por el artículo 15 de la Ley de Prevención de Riesgos Laborales, no figura:

a) Evitar los riesgos.
b) Evaluar los riesgos que se puedan evitar.
c) Tener en cuenta la evolución de la técnica.
d) Dar las debidas instrucciones a los trabajadores.

9. ¿Cuántos delegados de prevención se deberán elegir en empresas entre 3001 y 4000 trabajadores?

a) 5.
b) 6.
c) 7.
d) 8.

10. En las empresas de hasta 30 trabajadores el Delegado de Prevención será:

a) El propio empresario.
b) El trabajador más antiguo.
c) El trabajador de mayor cualificación.
d) El delegado de personal.

11. Entre las obligaciones de los trabajadores recogidas por la Ley de Prevención de Riesgos Laborales, no figura:

a) Informar directamente al empresario de cualquier situación que entrañe riesgo para la seguridad o salud de los trabajadores.
b) Contribuir al cumplimiento de las obligaciones establecidas por la autoridad competente con el fin de proteger la seguridad y la salud de los trabajadores en el trabajo.
c) Cooperar con el empresario para que éste pueda garantizar unas condiciones de trabajo que sean seguras y no entrañen riesgos para la seguridad y la salud de los trabajadores.
d) Utilizar correctamente los medios y equipos de protección facilitados por el empresario, de acuerdo con las instrucciones recibidas de éste.

12. El empresario deberá constituir un servicio de prevención propio siempre que se trate de empresas que cuenten con:

a) Más de 500 trabajadores.
b) Menos de 250 trabajadores.
c) Más de 250 trabajadores.
d) Más de 250 y menos de 500 trabajadores.

13. Cuando los trabajadores estén expuestos a un riesgo grave e inminente con ocasión de su trabajo, y el empresario no adopte o no permita la adopción de las medidas necesarias para garantizar la seguridad y la salud de los trabajadores, la Ley 31/1995, de 8 de noviembre, de Prevención de Riesgos Laborales prevé:

a) Los trabajadores afectados podrán paralizar la actividad.
b) El órgano de representación del personal instará formalmente al empresario a la adopción de las medidas necesarias.
c) Los Delegados de Prevención lo comunicarán a la autoridad laboral, que adoptará las medidas necesarias.
d) El órgano de representación de personal podrá acordar la paralización de la actividad.

14. Según establece el art. 4 de la Ley 31/1995, de 8 de noviembre, de Prevención de Riesgos Laborales, se define como daños derivados del trabajo.

a) La posibilidad de que un trabajador sufra un determinado daño derivado del trabajo.
b) El que resulte probable racionalmente que se materialice en un futuro inmediato y pueda suponer y pueda suponer un daño grave para la salud de los trabajadores.
c) Las enfermedades, patologías o lesiones sufridas con motivo u ocasión del trabajo.
d) Cualquier máquina, aparato, instrumento o instalación utilizada en el trabajo.

15. Según recoge el artículo 4 de la Ley 31/1995, quedan específicamente incluidas en la definición de condición de trabajo:

a) Las características particulares de los locales, instalaciones, equipos, productos y demás útiles existentes en el centro de trabajo.
b) La naturaleza de los agentes físicos, químicos y biológicos presentes en el ambiente de trabajo y sus correspondientes intensidades, concentraciones o niveles de presencia.
c) Los procedimientos para la utilización de los agentes citados anteriormente que no influyan en la generación de los riesgos mencionados.
d) Todas aquellas otras características del trabajo, excluidas las relativas a su organización y ordenación, que influyan en la magnitud de los riesgos a que esté expuesto el trabajador.

16. Los instrumentos esenciales para la gestión y aplicación del Plan de prevención de riesgos laborales son

a) La evaluación de riesgos y la planificación de la actividad preventiva.
b) La evaluación inicial de riesgos y la formación.
c) La planificación y la gestión de la actividad preventiva.
d) La identificación y la evaluación de los riesgos.

17. El posible cambio de puesto de trabajo con riesgo para una trabajadora embarazada

a) Deberá realizarse en caso de imposibilidad de adaptación del propio puesto.
b) Se hará previo informe en tal sentido del Servicio de Prevención.
c) Se determinará por el empresario, y dará información a los representantes de los trabajadores.
d) Se extenderá al período de lactancia.

18. La prevención de riesgos laborales deberá integrarse en el sistema general de gestión de la empresa a través de:

a) La política preventiva.
b) El plan de prevención.

c) El consenso de las partes.
d) El poder de decisión del empresario.

19. El objeto y carácter de la norma de la Ley 31/95 de Prevención de Riesgos Laborales dice:

a) La presente Ley tiene por objeto promover la salud de los trabajadores mediante la aplicación de medidas y el desarrollo de las actividades necesarias para la prevención de riesgos derivados del trabajo.
b) La presente Ley tiene por objeto promover la seguridad y la salud de los trabajadores mediante la aplicación de medidas y el desarrollo de las actividades necesarias para la prevención de riesgos derivados del trabajo.
c) La presente Ley tiene por objeto promover la seguridad de los trabajadores mediante la aplicación de medidas y el desarrollo de las actividades necesarias para la prevención de riesgos derivados del trabajo.
d) La presente Ley tiene por objeto promover la seguridad, la salud de los trabajadores y la negociación entre empresa y delegados de prevención, mediante la aplicación de medidas y el desarrollo de las actividades necesarias para la prevención de riesgos derivados del trabajo.

20. ¿Cuándo se deben utilizar los equipos de protección individual?

a) Siempre.
b) Cuando los riesgos no hayan sido evaluados.
c) Cuando los riesgos no se puedan evitar o no puedan limitarse.
d) Cuando el trabajador lo estime oportuno.

En MADTEST tienes **más preguntas de este tema**, y todos tus avances quedan registrados y se reflejan en el ranking.

¡Supera tus límites con MADTEST!

Solución al test n.º 9

1. d) Los delegados de prevención.

2. a) La posibilidad de que un trabajador sufra un determinado daño derivado del trabajo.

3. c) El empresario.

4. b) Una protección eficaz en materia de seguridad y salud en el trabajo.

5. c) Conjunto de actividades o medidas adoptadas o previstas en todas las fases de actividad de la empresa con el fin de evitar o disminuir los riesgos derivados del trabajo.

6. a) La Ley de Prevención de Riesgos Laborales se aplica a los operativos de Seguridad civil en casos de catástrofe.

7. d) Ley 31/1995, de 8 de noviembre

8. b) Evaluar los riesgos que se puedan evitar.

9. c) 7.

10. d) El delegado de personal.

11. a) Informar directamente al empresario de cualquier situación que entrañe riesgo para la seguridad o salud de los trabajadores.

12. a) Más de 500 trabajadores.

13. d) El órgano de representación de personal podrá acordar la paralización de la actividad.

14. c) Las enfermedades, patologías o lesiones sufridas con motivo u ocasión del trabajo.

15. b) La naturaleza de los agentes físicos, químicos y biológicos presentes en el ambiente de trabajo y sus correspondientes intensidades, concentraciones o niveles de presencia.

16. a) La evaluación de riesgos y la planificación de la actividad preventiva.

17. a) Deberá realizarse en caso de imposibilidad de adaptación del propio puesto.

18. b) El plan de prevención.

19. b) La presente Ley tiene por objeto promover la seguridad y la salud de los trabajadores mediante la aplicación de medidas y el desarrollo de las actividades necesarias para la prevención de riesgos derivados del trabajo.

20. c) Cuando los riesgos no se puedan evitar o no puedan limitarse.

TEST
PARTE ESPECÍFICA

TEST N.º 10

Manipulación de alimentos. Requisitos de los manipuladores de alimentos. Formación Continuada de los manipuladores de alimentos. Control y supervisión de la autoridad competente. Exámenes médicos. Acreditación de la formación. Régimen Sancionador

1. Todo manipulador de alimentos debe respetar las siguientes normas de higiene:

a) Lavado de manos con agua caliente y jabón.
b) Fumar, toser o estornudar sobre el alimento.
c) Usar mascarilla exclusivamente para la manipulación de productos que se consumirán en crudo.
d) Todas son correctas.

2. ¿Quién impartirá la formación a los manipuladores de alimentos?

a) La propia empresa o una entidad autorizada por la autoridad sanitaria competente.
b) La propia empresa siempre.
c) La autoridad competente.
d) Una empresa auditora.

3. ¿Cuál es la definición correcta de "Higiene Alimentaria", según la Organización Mundial de la Salud?

a) El conjunto de medidas necesarias para asegurar la salubridad de un producto.
b) El conjunto de medidas necesarias para asegurar la inocuidad de un producto.
c) El conjunto de medidas necesarias para asegurar el buen estado de los productos.
d) El conjunto de medidas necesarias para asegurar la salubridad, inocuidad y buen estado de los productos destinados a la alimentación, en todas las etapas de su preparación.

4. ¿Qué requisitos exige el Reglamento 852/2004 del Parlamento Europeo, para los locales destinados a los productos alimenticios?

a) Habrá ventilación artificial para evitar tener que hacer control de temperatura.
b) Se evitarán las corrientes de aire desde zonas contaminadas a zonas limpias.
c) Dispondrán siempre de buena iluminación natural.
d) Todas las respuestas son correctas.

5. El Reglamento 852/2004 establece las disposiciones aplicables a los productos alimenticios, ¿cuál de las siguientes es falsa?

a) Las materias primas e ingredientes se almacenarán en condiciones adecuadas, que permitan evitar su deterioro y protegerlos de la contaminación.
b) Las materias primas o productos no deberán conservarse a temperaturas que puedan dar lugar a riesgos para la salud.
c) Cuando un operador de empresa alimentaria prevea razonablemente que una materia prima pueda estar contaminada, la someterá a cocción prolongada para eliminar los microorganismos.
d) La descongelación se hará de modo que se reduzca al mínimo el riesgo de multiplicación de microorganismos patógenos o la formación de toxinas.

6. ¿Qué norma establece las infracciones en materia de seguridad alimentaria y las sanciones correspondientes?

a) El Reglamento 852/2004 del Parlamento Europeo y del Consejo, de 29 de abril, relativo a la higiene de los productos alimenticios.
b) La Ley 17/2009, de 23 de noviembre.
c) El Real Decreto 202/2000, de 11 de febrero, por el que se establecen las normas relativas a los manipuladores de alimentos.
d) La Ley 17/2011, de 5 de julio, de seguridad alimentaria y nutrición.

7. ¿Qué es un portador sano?

a) Persona que sin presentar síntomas de enfermedad, puede transmitir gérmenes a los alimentos y causar daños en otras personas.
b) Persona con alguna patología que trabaja de pinche de cocina.
c) Persona que presenta síntomas de enfermedad, puede transmitir gérmenes a los alimentos y causar daños en otras personas.
d) Persona ajena a la cocina que es portadora de bacterias.

8. ¿Se puede utilizar agua corriente para el vapor que entra en contacto con los alimentos?

a) Sí, siempre que no contenga ninguna sustancia que entrañe peligro para la salud o pueda contaminar el producto.
b) No, nunca.
c) Sólo si el agua es no potable.
d) El Reglamento 852/2004 no habla de este aspecto.

9. ¿Qué es el sistema APPCC?

a) Un instrumento para ayudar a logra niveles elevados de seguridad alimentaria.
b) Un sistema de control de personal.
c) Un método para definir los procesos de producción.
d) Una guía de buenas prácticas.

10. En las instalaciones donde se manipulan alimentos, está...

a) Prohibido fumar, comer, mascar chicle, escupir o cualquier cosa no higiénica que pueda contaminar los alimentos.
b) Prohibido fumar, pero sí se puede comer.
c) No se puede mascar chicles, pero se puede comer.
d) Está prohibido mascar chicle, pero se puede fumar.

11. ¿Cuál es la normativa vigente en materia de formación de manipuladores de alimentos?

a) Real Decreto 202/2000, de 11 de febrero.
b) Reglamento (CE) n. º 852/2004 del Parlamento Europeo y del Consejo, de 29 de abril.
c) Real Decreto 109/2010, de 5 de febrero.
d) Ley 17/2009, de 23 de noviembre.

12. ¿Establece la normativa vigente algún requisito higiénico para los equipos de cocina?

a) No, no hay requisitos específicos sobre higiene.
b) Obliga a que lleven dispositivos de control en todo caso.
c) Cuando estén en contacto con los alimentos deberán limpiarse y desinfectarse con frecuencia.
d) Diariamente deberán desmontarse para su limpieza.

13. ¿Qué dice el Reglamento 852/2004 sobre los contenedores de desperdicios de productos alimenticios?

a) Estarán provistos de cierre y se mantendrán limpios.
b) Tendrán una capacidad de 10 metros cúbicos.
c) Serán de color negro.
d) Todas las respuestas son correctas.

14. ¿Qué puede ocurrir cuando el alimento es contaminado por microorganismos y tiene cambios en sus características organolépticas?

a) Probablemente sea rechazado antes de su consumo.
b) Hay mayor riesgo.

c) La contaminación es más grave.
d) Es salmonelosis.

15. ¿Qué tipo de alimento es el arroz?

a) Perecedero.
b) Semiperecedero.
c) No perecedero.
d) Inestable.

16. ¿A qué temperatura mueren la mayoría de los microorganismos?

a) A -18 ºC.
b) A 50 ºC.
c) A 65 ºC.
d) A 100 ºC.

17. ¿Cuáles de los siguientes microorganismos son parásitos?

a) Salmonella, Clostridium y Vibrio.
b) Hepatitis, Norwalk y Virus de la encelopatía espongiforme bovina.
c) Triquina, Anisakis y protozoos.
d) Todas las respuestas son correctas.

18. ¿Cuál de las siguientes bacterias se puede encontrar en las ostras?

a) Yersinia.
b) *Campylobacter.*
c) *Bacillus.*
d) Estafilococo.

19. ¿Cuál de las siguientes bacterias se puede encontrar en la harina?

a) Yersinia.
b) *Campylobacter.*
c) *Bacillus.*
d) Estafilococo.

20. ¿Qué síntomas se producen en la brucelosis?

a) Fiebre, dolor de cabeza y pérdida de apetito.
b) Fiebre, dolor muscular y parálisis facial.
c) Diarreas hemorrágicas.
d) Ninguno de los anteriores.

21. ¿De dónde proceden las micotoxinas?

a) Alimentos.
b) Hongos.
c) Agua.
d) Vías respiratorias altas.

22. ¿Qué problemas causa el virus Norwalk?

a) Hemorragia.
b) Parálisis.
c) Gastroenteritis.
d) Muerte.

23. ¿Qué enfermedad es la encefalopatía espongiforme bovina?

a) Enfermedad de las vacas locas.
b) Hepatitis A.
c) Cólera.
d) Ninguna de las anteriores.

24. ¿Qué alimento puede portar el parásito causante de la triquinosis?

a) Fruta.
b) Pescado.
c) Carne.
d) Verdura.

25. ¿Qué es el Anisakis?

a) Un virus.
b) Un parásito.
c) Una bacteria.
d) Un hongo.

En MADTEST tienes **más preguntas de este tema**, y todos tus avances quedan registrados y se reflejan en el ranking.

¡Supera tus límites con MADTEST!

Solución al test n.º 10

1. a) Lavado de manos con agua caliente y jabón.

2. a) La propia empresa o una entidad autorizada por la autoridad sanitaria competente.

3. d) El conjunto de medidas necesarias para asegurar la salubridad, inocuidad y buen estado de los productos destinados a la alimentación, en todas las etapas de su preparación.

4. b) Se evitarán las corrientes de aire desde zonas contaminadas a zonas limpias.

5. c) Cuando un operador de empresa alimentaria prevea razonablemente que una materia prima pueda estar contaminada, la someterá a cocción prolongada para eliminar los microorganismos.

6. d) La Ley 17/2011, de 5 de julio, de seguridad alimentaria y nutrición.

7. a) Persona que sin presentar síntomas de enfermedad, puede transmitir gérmenes a los alimentos y causar daños en otras personas.

8. a) Sí, siempre que no contenga ninguna sustancia que entrañe peligro para la salud o pueda contaminar el producto.

9. a) Un instrumento para ayudar a logra niveles elevados de seguridad alimentaria.

10. a) Prohibido fumar, comer, mascar chicle, escupir o cualquier cosa no higiénica que pueda contaminar los alimentos.

11. b) Reglamento (CE) n.º 852/2004 del Parlamento Europeo y del Consejo, de 29 de abril.

12. c) Cuando estén en contacto con los alimentos deberán limpiarse y desinfectarse con frecuencia.

13. a) Estarán provistos de cierre y se mantendrán limpios.

14. a) Probablemente sea rechazado antes de su consumo.

15. c) No perecedero.

16. d) A 100 ºC.

17. c) Triquina, Anisakis y protozoo.

18. a) Yersinia.

19. c) Bacillus.

20. a) Fiebre, dolor de cabeza y pérdida de apetito.

21. b) Hongos.

22. c) Gastroenteritis.

23. a) Enfermedad de las vacas locas.

24. c) Carne.

25. b) Un parásito.

TEST N.º 11

Reglamentación técnico-sanitaria de los comedores colectivos. Normas higiénicossanitarias de aplicación a la cocina hospitalaria. Cocina Hospitalaria: concepto. Condiciones estructurales básicas y físico-ambientales de los locales e instalaciones. Zonas de sucio y de limpio. La cadena alimentaria. Principio de marcha adelante y circuitos de trabajo

1. ¿Cuál es el objeto del Real Decreto 1021/2022, de 13 de diciembre?

a) Establecer los requisitos en materia de higiene de la producción, elaboración, transporte, almacenamiento y comercialización de los productos alimenticios en establecimientos de comercio al por menor.

b) Establecer los requisitos en materia de higiene de la producción, elaboración, transporte, almacenamiento y comercialización de los productos alimenticios en establecimientos de comercio al por mayor.

c) Flexibilizar los requisitos relativos a los establecimientos de comercio al por menor que regula el Reglamento 3484/2000, de 29 de diciembre.

d) Dar rigidez a los requisitos establecidos en el Reglamento 852/2004.

2. ¿Cómo se define "colectividad" en el Real Decreto 1021/2022, de 13 de diciembre?

a) Conjunto de personas consumidoras con unas características similares que demandan un servicio de comidas preparadas.

b) Establecimiento que da servicio de comidas a un conjunto de personas consumidoras con unas características similares que demandan un servicio de comidas preparadas.

c) Empresa que realiza la venta al por mayor de comidas preparadas.

d) Todas las respuestas son correctas.

3. Cuando un producto elaborado en el propio establecimiento se congela, ¿qué fecha se indicará en el envase?

a) Elaboración o transformación.

b) Congelación.

c) Caducidad o consumo preferente.

d) Todas las respuestas son correctas.

4. ¿Los alimentos congelados se pueden poner a la venta tras descongelar?

a) Sí, indicando la denominación del alimento y la palabra "descongelado".
b) Sí, no será necesario indicarlo.
c) No, nunca.
d) Sólo en el caso del pescado, y siempre que se informe al comprador.

5. ¿Cuál es el Reglamento de la Unión Europea relativo a la higiene de los pro- ductos alimenticios?

a) Reglamento (CE) n.º 2073/2005.
b) Reglamento (CE) n.º 853/2004.
c) Reglamento (CE) n.º 852/2004.
d) Reglamento (UE) 2017/625.

6. ¿Cuál de los siguientes no es un objetivo del Real Decreto 1086/2020, de 9 de diciembre, que recoge los requisitos para los establecimientos de comidas preparadas?

a) Fomentar el consumo de alimentos de otros países.
b) Promover la alimentación saludable.
c) Prevenir la obesidad.
d) Fomentar la actividad física.

7. ¿Cuál de los siguientes no es un establecimiento de comercio al por menor según recoge el Real Decreto 1086/2020, del 09 de diciembre?

a) Un local ambulante.
b) Un centro escolar donde se celebra ocasionalmente una fiesta infantil.
c) Un restaurante que da servicio a domicilio.
d) Todas las respuestas son correctas.

8. ¿Según el Real Decreto 1021/2022, de 13 de diciembre, a qué temperatura interna se mantendrá la carne de ungulados domésticos?

a) Igual o inferior a 3 °C.
b) Igual o inferior a 4 °C.
c) Igual o inferior a 7 °C.
d) Igual o inferior a 10 °C.

9. Según el artículo 30 del Real Decreto 1086/2020, de 9 de diciembre, una comida preparada que se va a refrigerar por un periodo inferior a 24 h, ¿a qué temperatura se debe conservar?

a) 4 ºC.
b) 8 ºC.

c) 63 ºC.
d) -18 ºC.

10. ¿En qué caso es aplicable el Reglamento 178/2002, de 28 de enero?

a) A la producción primaria para uso privado.
b) A todas las etapas de la producción.
c) A todas las etapas de la producción para consumo propio.
d) Las respuestas b) y c) son correctas.

11. ¿Cuál de estas prácticas es obligatoria para facilitar la trazabilidad de un alimento?

a) La esterilización del producto.
b) La correcta alimentación del ganado.
c) El etiquetado e identificación del producto.
d) El correcto almacenamiento.

12. Los contenedores utilizados para transporte de productos alimenticios, ¿podrán transportar algo que no sean productos alimenticios?

a) No, nunca.
b) Sí, siempre que exista una separación efectiva de los productos para evitar contaminación.
c) Sí, no tienen por qué ser exclusivos para productos alimenticios.
d) Cada producto debe ir obligatoriamente en un contenedor, aunque podrá ser transportado en el mismo vehículo.

13. ¿Qué dice el Reglamento 852/2004 sobre los contenedores de desperdicios de productos alimenticios?

a) Estarán provistos de cierre y se mantendrán limpios.
b) Tendrán una capacidad de 10 metros cúbicos.
c) Serán de color negro.
d) Todas las respuestas son correctas.

14. ¿Qué afirmación es correcta sobre los envases de productos alimenticios?

a) Serán siempre no reutilizables.
b) Serán reutilizables y de material permeable.
c) Se almacenarán de manera que se garantice su integridad.
d) Todas las respuestas son correctas.

15. El sistema de APPCC tiene como objetivo:

a) Establecer un plan de emergencia para el caso de incendio.
b) Identificar, valorar y controlar los peligros sanitarios e higiénicos asociados al conjunto y a cada una de las fases de la cadena alimentaria.

c) Analizar las pautas de comportamiento de los trabajadores.

d) Ninguna de las anteriores respuestas es la correcta.

16. ¿Qué se entiende por "trazabilidad"?

a) La posibilidad de encontrar y seguir el rastro, a través de todas las etapas de la producción, transformación y distribución de un alimento.

b) La información contenida en la etiqueta de un producto alimenticio.

c) Las fases de la producción de un alimento hasta que está listo para su venta y consumo.

d) La posibilidad de encontrar el rastro de un alimento a partir del momento en que se comercializa.

17. ¿Qué características tiene la cocina hospitalaria centralizada?

a) Alejamiento y aislamiento de los locales de cocina de cualquier fuente de contaminación.

b) Fácil acceso desde la zona de recepción de materia prima a la cocina, y de la cocina a la zona de distribución.

c) Suelos antideslizantes, con la debida inclinación hacia los sumideros para evitar acumulación de agua.

d) Todas las respuestas son correctas.

18. Con el sistema de cocina central:

a) Se consigue la manipulación de los alimentos en los offices.

b) Se evita la producción de residuos en cocina.

c) Se elimina la manipulación de los alimentos en los offices.

d) Se elimina el paso de los alimentos por las dependencias de limpieza.

19. Las aberturas y ventanas o huecos practicables para la ventilación de los locales de cocina deberán estar dotados de:

a) Sistema de clausura para impedir su manipulación.

b) Cristales opacos para evitar que la luz natural estropee los alimentos.

c) Rejillas de malla adecuadas para evitar el paso de insectos.

d) Rejas homologadas por la ley de prevención de riesgos laborales.

20. ¿Cómo debe ser el suelo de la cocina de un hospital?

a) De metal con rejillas.

b) Antideslizantes.

c) Con inclinación suficiente hacia sumideros.

d) Las opciones b) y c) son correctas.

21. ¿Cómo han de ser los techos de una cocina para colectividades?

a) Estarán construidos de forma que no se acumule polvo.

b) De fácil limpieza.

c) Protecciones para evitar cualquier tipo de accidente por rotura.
d) Todas son correctas.

22. ¿Cuál de las siguientes zonas de una cocina se considera zona sucia?

a) Zonas de lavado.
b) Zona de emplatado.
c) Zona de distribución
d) Todas son zonas sucias.

23. ¿Qué son las partidas?

a) Secciones de cocina donde se realizan distintas tareas.
b) Equipos específicos para tareas de pastelería o salsero.
c) Grupos de personas que elaboran un plato concreto.
d) Sistema de producción en cocina.

24. ¿A qué partida corresponde la elaboración de fondos?

a) A la partida de salsero.
b) A la partida de entremetier.
c) A la partida de pastelero.
d) Son correctas las respuestas a) y b).

25. ¿Qué diferencia una distribución lineal de cocina con una distribución en U?

a) La ubicación de entrada y salida.
b) La ordenación de las secciones.
c) El avance del proceso.
d) Todas las respuestas son ciertas.

En MADTEST tienes **más preguntas de este tema**, y todos tus avances quedan registrados y se reflejan en el ranking.

¡Supera tus límites con MADTEST!

Solución al test n.º 11

1. a) Establecer los requisitos en materia de higiene de la producción, elaboración, transporte, almacenamiento y comercialización de los productos alimenticios en establecimientos de comercio al por menor.

2. a) Conjunto de personas consumidoras con unas características similares que demandan un servicio de comidas preparadas.

3. d) Todas las respuestas son correctas.

4. a) Sí, indicando la denominación del alimento y la palabra "descongelado".

5. c) Reglamento (CE) n.º 852/2004.

6. a) Fomentar el consumo de alimentos de otros países.

7. b) Un centro escolar donde se celebra ocasionalmente una fiesta infantil.

8. c) Igual o inferior a 7 °C.

9. b) 8 ºC.

10. b) A todas las etapas de la producción.

11. c) El etiquetado e identificación del producto.

12. b) Sí, siempre que exista una separación efectiva de los productos para evitar contaminación.

13. a) Estarán provistos de cierre y se mantendrán limpios.

14. c) Se almacenarán de manera que se garantice su integridad.

15. b) Identificar, valorar y controlar los peligros sanitarios e higiénicos asociados al conjunto y a cada una de las fases de la cadena alimentaria.

16. a) La posibilidad de encontrar y seguir el rastro, a través de todas las etapas de la producción, transformación y distribución de un alimento.

17. d) Todas las respuestas son correctas.

18. c) Se elimina la manipulación de los alimentos en los offices.

19. c) Rejillas de malla adecuadas para evitar el paso de insectos.

20. c) Las opciones b) y c) son correctas.

21. d) Todas son correctas.

22. a) Zonas de lavado.

23. a) Secciones de cocina donde se realizan distintas tareas.

24. d) Son correctas las respuestas a) y b).

25. a) La ubicación de entrada y salida.

TEST N.º 12

Los alimentos. Código Alimentario Español. Clasificación y características de los diferentes tipos de alimentos. Tipos de dietas: conceptos básicos. Preparación, conservación, emplatado y transporte de los alimentos

1. De los siguientes productos, ¿cuáles no son derivados de la leche?

a) Nata y mantequilla.
b) Queso y requesón.
c) Sueros lácteos.
d) Cafeína.

2. Un huevo que ha sido incubado se dice que es un huevo:

a) Fresco.
b) Defectuoso.
c) Averiado.
d) Podrido.

3. ¿Qué tipo de alimento son las habas?

a) Frutos.
b) Legumbres.
c) Bulbos.
d) Frutas.

4. ¿Cómo se denomina el tocino entreverado que ha sido sometido a operaciones de ahumado, salazón o adobo?

a) Panceta.
b) Bacón.
c) Papada.
d) Lomo.

5. ¿Qué tipo de aditivo es el E-122 carmoisina?

a) Potenciador del sabor.
b) Conservante.

c) Colorante.
d) Espesante.

6. ¿Cómo se denomina la leche modificada por acción microbiana?

a) Leche enriquecida.
b) Leche desnatada.
c) Leche fermentada.
d) Leche adicionada de aromas.

7. ¿Qué es la caseína?

a) Líquido formado por parte de los componentes de la leche.
b) Es el principal componente proteico de la leche.
c) Producto obtenido precipitando las proteínas en medio ácido, por el calor.
d) Ninguna es correcta.

8. ¿Cómo se denomina al pollo castrado y bien cebado?

a) Gallina.
b) Pichón.
c) Capón.
d) Lechón.

9. Si un huevo tiene la clara de color verdoso, ¿qué le ocurre?

a) Se desechará.
b) Está defectuoso.
c) Es un huevo de oca.
d) Está en perfectas condiciones.

10. ¿Cuáles de las siguientes hortalizas son bulbos?

a) Berenjena, guindilla, pimiento.
b) Ajo, cebolla y puerro.
c) Ajo, guisante y lombarda.
d) Berenjena, cebolleta y berro.

11. Según el Código Alimentario Español, ¿en qué grupo de alimentos se incluye al tomate?

a) Verduras.
b) Hortalizas.
c) Frutas carnosas.
d) Frutos oleaginosos.

12. ¿Cuál de los siguientes es un encurtido?

a) Carne de lomo macerada y ahumada.
b) Anchoas saldas.

c) Coliflor y zanahoria curadas en salmuera, y conservadas en vinagre y sal.
d) Beicon.

13. Según el Código Alimentario Español, ¿cómo se clasifican el tirabeque?

a) Legumbre verde.
b) Legumbre seca.
c) Tallo.
d) Fruto.

14. ¿Cuál de los siguientes alimentos es un embutido de carne?

a) Chorizo.
b) Salchicha.
c) Salchichón.
d) Todas son correctas.

15. ¿Cuál de los siguientes alimentos se considera un derivado de la carne?

a) Babilla.
b) Tapa.
c) Tocino.
d) Patas.

16. ¿Cómo se denomina el fraccionado de los trozos o filetes de carne en porciones de tamaño reducido, mediante máquina o instrumentos cortantes adecuados?

a) Troceado.
b) Fileteado.
c) Picado.
d) Oreo.

17. Si al pelar una hortaliza se ennegrece, ¿qué debemos hacer?

a) Meterla en agua con unas gotas de limón.
b) Restregarla con sal.
c) Limpiarla con unas gotas de lejía.
d) Envolverla en papel de aluminio durante 10 minutos.

18. ¿Cómo es el corte brunoise?

a) Dados pequeños.
b) Láminas.
c) Tiras finas.
d) A gajos.

19. En la preparación de aves, ¿a qué llamamos "albardado"?

a) A la eliminación de las plumas.
b) A sujetar las carnes crudas de ave para mejorar su estética ante el comensal.
c) A envolver el ave en tiras de tocino, para evitar que se reseque al cocinarlo.
d) A eliminar patas, cabeza y cuello.

20. ¿Cómo es el corte de la patata paja?

a) Dados pequeños.
b) Muy fina, se corta con mandolina.
c) Muy gruesa, se corta con cuchillo.
d) Rodajas onduladas.

21. ¿Qué es la aleta?

a) Carne que está sobre las costillas.
b) Parte inferior de la pierna.
c) Parte situada sobre el esternón y parte de las costillas.
d) El cuello del animal.

22. ¿Cuál es la carne con grasa de la parte ventral del cerdo?

a) Codillo.
b) Jamón.
c) Aguja.
d) Panceta.

23. ¿Qué sinónimo se emplea en el fileteado de nombre villagodio?

a) T-bone steak.
b) Rumpsteak.
c) Entrecot.
d) Chuletón.

24. ¿Qué es la regeneración de un alimento?

a) El calentamiento para que se termine de cocinar.
b) La puesta en temperatura para su consumo.
c) Un sistema de cocción.
d) El descenso de temperatura de un alimento, de forma rápida.

25. ¿Qué forma de conservar el marisco es adecuada?

a) Vivo en un acuario a temperatura controlada y con agua bien oxigenada.
b) En cámaras refrigeradas.
c) Cubierto de hielo.
d) Todas las respuestas son correctas.

26. ¿En qué consiste el desbarbado del pescado?

a) En cortar las aletas con una tijera hacia la cabeza.
b) Es la separación de la cabeza del resto del cuerpo.
c) En hacer una incisión en la parte inferior del pescado, desde la cabeza hasta la cola para abrirlo y poder extraer los órganos internos.
d) En raspar las escamas de la cabeza.

27. ¿Cómo se denomina el preparado a base de harina tostada a fuego lento, y rehogada con grasa, utilizado para ligar?

a) Fondo.
b) Fumet.
c) Roux.
d) Bechamel.

28. ¿Cuál de las siguientes afirmaciones acerca de la cocción al vacío es falsa?

a) Al evitar el contacto con el oxígeno, se previene la oxidación del alimento y su modificación de sabor.
b) El alimento se envasa al vacío tras su cocción.
c) La temperatura disminuirá hasta -10 ºC en un abatidor de temperatura.
d) Se utilizan envases que cierran herméticamente, y de material adecuado.

29. ¿En qué consiste el sistema de producción en cadena caliente?

a) Poner el alimento en temperatura adecuada justo antes de su consumo.
b) Elaborar los platos en el momento en que van a ser consumidos.
c) Elaborar platos calientes y conservarlos en refrigeración hasta su consumo.
d) Todas las respuestas son correctas.

30. ¿Qué alimento para su cocción en fritura es sin protección?

a) Huevo frito.
b) Calamares a la romana.
c) Pollo empanado.
d) Pescado enharinado.

En MADTEST tienes **más preguntas de este tema,** y todos tus avances quedan registrados y se reflejan en el ranking.

¡Supera tus límites con MADTEST!

Solución al test n.º 12

1. d) Cafeína.

2. c) Averiado.

3. b) Legumbres.

4. b) Bacón.

5. c) Colorante.

6. c) Leche fermentada.

7. b) Es el principal componente proteico de la leche.

8. c) Capón.

9. a) Se desechará.

10. b) Ajo, cebolla y puerro.

11. c) Frutas carnosas.

12. c) Coliflor y zanahoria curadas en salmuera, y conservadas en vinagre y sal.

13. a) Legumbre verde.

14. d) Todas son correctas.

15. c) Tocino.

16. c) Picado.

17. a) Meterla en agua con unas gotas de limón.

18. a) Dados pequeños.

19. c) Envolver el ave en tiras de tocino, para evitar que se reseque al cocinarlo.

20. b) Muy fina, se corta con mandolina.

21. c) Parte situada sobre el esternón y parte de las costillas.

22. d) Panceta.

23. d) Chuletón.

24. b) La puesta en temperatura para su consumo.

25. d) Todas las respuestas son correctas.

26. a) En cortar las aletas con una tijera hacia la cabeza.

27. c) Roux.

28. b) El alimento se envasa al vacío tras su cocción.

29. b) Elaborar los platos en el momento en que van a ser consumidos.

30. a) Huevo frito.

Concepto de calidad en hostelería hospitalaria: calidad percibida por el usuario. Papel de los Servicios de Nutrición Clínica y Medicina Preventiva en el proceso de calidad. Aportación del trabajo de el/la Pinche en el proceso de la calidad y seguridad alimentaria

1. ¿Cuál de las siguientes es función del Servicio de Nutrición Clínica?

a) Establecer las características nutritivas, energéticas y de textura correspondiente a los distintos tipos de dieta.
b) Realizar los reconocimientos médicos periódicos al personal.
c) Control de las condiciones higiénico-sanitarias de las instalaciones.
d) Todas las anteriores son funciones de este servicio.

2. ¿Cuál de las siguientes no es función del Servicio de Medicina Preventiva?

a) Vigilancia de la salud.
b) Control microbiológico de los alimentos.
c) Información y formación de los trabajadores.
d) Control de la adquisición de alimentos.

3. ¿Qué personal lleva a cabo la elaboración de menús?

a) Dietistas.
b) Enfermeras.
c) Personal médico.
d) Personal de cocina.

4. ¿Qué relación tiene la vigilancia de la salud del personal con la alimentación del paciente?

a) Las dos son función exclusiva del servicio de Medicina Preventiva.
b) Las dos son función del servicio de Nutrición Clínica.
c) Determinados problemas de salud son incompatibles con la manipulación de alimentos por el riesgo de contagio al paciente.
d) No tienen ninguna relación.

5. ¿Cuál de las siguientes afirmaciones no es correcta?

a) El médico puede prescribir una dieta como parte de un tratamiento.
b) La dieta debe satisfacer las necesidades alimenticias del paciente.
c) El Servicio de Nutrición Clínica prescribirá las dietas terapéuticas.
d) El médico prescribirá las dietas terapéuticas.

6. ¿Quién definirá los platos que componen cada tipo de dieta?

a) El Servicio de Nutrición Clínica.
b) El Servicio de Medicina Preventiva.
c) El Médico.
d) El Servicio de Cocina.

7. ¿En qué consiste la planificación de las dietas?

a) Dentro de cada tipo de dieta se establecerán primeros platos, segundos platos y postres que cumplan las especificaciones de las mismas.
b) Elaborar un libro de dietas estableciendo las características nutritivas, energéticas y de textura correspondiente a los distintos tipos de dieta que se ofrecen en el Hospital.
c) Elaboración de otras dietas con requerimientos específicos no contemplados en las que tienen establecidas.
d) Ninguna es correcta.

8. ¿A quién corresponde el control de la elaboración, distribución, aceptación y consumo por parte de los pacientes?

a) Al Servicio de Medicina Preventiva.
b) Al Servicio de Nutrición Clínica.
c) Al Servicio de Cocina.
d) A ninguno de los anteriores.

9. ¿Con qué objetivo se realizarán estudios de los accidentes de trabajo y enfermedades profesionales entre el personal de cocina?

a) Sólo con fines estadísticos.
b) Para conocer la preparación de cada trabajador para su puesto.
c) Para detectar y evitar los riesgos.
d) Ninguna es correcta.

10. ¿Cuál de las siguientes no es función del Servicio de Medicina Preventiva?

a) Vigilancia de la salud.
b) Información y formación de los trabajadores.
c) Información y adiestramiento sobre las necesidades y hábitos alimenticios.
d) Control microbiológico de los alimentos.

11. ¿Qué criterios de calidad aplicará el Pinche de cocina en el trabajo de manipulación de alimentos?

a) Máximo aprovechamiento de los géneros.
b) Aplicación de técnicas adecuadas de cocción de los alimentos.
c) Maximización del uso de los equipos y medios energéticos.
d) Todas las respuestas son correctas.

12. Para definir un plan de calidad, ¿qué criterios se utilizarán?

a) Criterios subjetivos.
b) Criterios objetivos.
c) Criterios generales.
d) La calidad es siempre subjetiva, por lo que no se deben establecer criterios.

13. ¿Cuál de los siguientes es un objetivo de un plan de calidad?

a) El producto o servicio resultarán satisfactorios para el cliente, respondiendo a sus expectativas.
b) El proceso para su obtención será tecnológicamente posible.
c) El servicio se realizará en condiciones adecuadas, tanto higiénicas como tecnológicas.
d) Todas las respuestas son correctas.

14. ¿Cuál sería la primera fase en un proceso de control de calidad?

a) Detección de problemas en cualquier fase.
b) Determinar las causas.
c) Proponer medidas correctoras, e implantarlas.
d) Verificar que se ha resuelto el problema

15. ¿Cuál de las siguientes no es una característica del plan de calidad?

a) Flexibilidad.
b) Rigidez.
c) Revisión permanente.
d) Dirigido a la mejora continua.

16. ¿Cuál de los siguientes es un sistema de calidad específico para las empresas turísticas españolas?

a) Sistema ISO.
b) Modelo EFQM.
c) Sistema de Calidad Turístico Español.
d) Todas las respuestas son correctas.

17. ¿Qué es la marca Q?

a) Marca de calidad turística.
b) Empresa con algún sistema de calidad implantado.
c) Garantía de turismo ecológico.
d) No existe la marca Q.

18. ¿Quién realiza y participa el autocontrol en un plan de calidad?

a) Los niveles jerárquicos más altos.
b) Los niveles jerárquicos más bajos.
c) Todo el personal.
d) Nadie que esté relacionado con la empresa.

19. ¿Quién indica la dieta adecuada para un paciente?

a) La enfermera.
b) El médico.
c) El bromatólogo.
d) El jefe de cocina.

20. ¿Qué objetivo/s tiene el Servicio de Dietética en el Hospital?

a) Elaboración de código de dietas.
b) Calibración de los menús.
c) Controlar el proceso de elaboración y distribución de alimentos.
d) Todas las respuestas son correctas.

21. ¿Qué aspecto de la calidad se vigilará especialmente?

a) Higiene.
b) Sabor.
c) Calidad nutritiva.
d) Se vigilarán todos los anteriores.

22. ¿Cuál de las siguientes es una competencia del Pinche en el proceso de la calidad y seguridad alimentaria en el área de recepción y almacenamiento de mercancías de una cocina?

a) Conservación de equipos y maquinaria según instrucciones de mantenimiento.
b) Supervisar los primeros platos.
c) Uso y manipulación de productos de limpieza siguiendo las instrucciones de seguridad y teniendo en cuenta su posible toxicidad y riesgo para el medio ambiente.
d) Emplatado de comida respetando las condiciones higiénicas básicas.

23. ¿Cuál de las siguientes es una competencia del Pinche en el proceso de la calidad y seguridad alimentaria en el área de distribución y emplatado de una cocina?

a) Conservación, envasado y regeneración de género y elaboraciones siguiendo instrucciones recibidas.
b) Racionado, troceado y picado de materias primas según su utilización y su máximo aprovechamiento.
c) Enchufar carros de baño maría, controlando la temperatura adecuada.
d) Higienización de materiales y equipos de cocina respetando siempre la separación de los circuitos de trabajo y la separación de áreas en cocina.

24. ¿Cuál de estas es una es función del Servicio de Nutrición Clínica?

a) Planificación de las dietas basales.
b) Elaborar menús para dietas terapéuticas.
c) Definir los requerimientos nutricionales de la dieta.
d) Todas las respuestas son correctas.

25. ¿Qué departamento se encarga del estudio de los accidentes de trabajo y las enfermedades profesionales en el Hospital?

a) Las Unidades de Dietética y Nutrición.
b) El departamento o servicio de Medicina Preventiva.
c) La dirección del centro.
d) Los servicios médicos.

En MADTEST tienes **más preguntas de este tema**, y todos tus avances quedan registrados y se reflejan en el ranking.

¡Supera tus límites con MADTEST!

Solución al test n.º 13

1. a) Establecer las características nutritivas, energéticas y de textura correspondiente a los distintos tipos de dieta.

2. d) Control de la adquisición de alimentos.

3. d) Personal de cocina.

4. c) Determinados problemas de salud son incompatibles con la manipulación de alimentos por el riesgo de contagio al paciente.

5. c) El Servicio de Nutrición Clínica prescribirá las dietas terapéuticas.

6. a) El Servicio de Nutrición Clínica.

7. b) Elaborar un libro de dietas estableciendo las características nutritivas, energéticas y de textura correspondiente a los distintos tipos de dieta que se ofrecen en el hospital.

8. b) Al Servicio de Nutrición Clínica.

9. c) Para detectar y evitar los riesgos.

10. c) Información y adiestramiento sobre las necesidades y hábitos alimenticios.

11. a) Máximo aprovechamiento de los géneros.

12. b) Criterios objetivos.

13. d) Todas las respuestas son correctas.

14. a) Detección de problemas en cualquier fase.

15. b) Rigidez.

16. c) Sistema de Calidad Turístico Español.

17. a) Marca de calidad turística.

18. c) Todo el personal.

19. b) El médico.

20. d) Todas las respuestas son correctas.

21. d) Se vigilarán todos los anteriores.

22. a) Conservación de equipos y maquinaria según instrucciones de mantenimiento.

23. c) Enchufar carros de baño maría, controlando la temperatura adecuada.

24. d) Todas las respuestas son correctas.

25. b) El departamento o servicio de Medicina Preventiva.

TEST N.º 14

Principales riesgos medioambientales relacionados con las funciones de la categoría. Tratamiento de residuos hosteleros y sanitarios; normas para su control; identificación, segregación y eliminación. Minimización de residuos

1. ¿Cuáles de las siguientes finalidades engloba el concepto de desarrollo sostenible?

a) Desarrollo económico.
b) Sostenibilidad ambiental.
c) Equidad social.
d) Todas las respuestas son correctas.

2. ¿Qué plantea básicamente el Informe Brundtland en 1987?

a) Que la protección y conservación del medio ambiente debe basarse en el concepto de desarrollo sostenible.
b) Que se debe frenar el desarrollo económico e industrial, para proteger el medio ambiente.
c) Que el desarrollo económico y la sostenibilidad ambiental son conceptos incompatibles.
d) Todas las respuestas son correctas.

3. ¿Qué es la Agenda 21?

a) Un convenio sobre cambio climático.
b) Un programa de acción para alcanzar los objetivos del desarrollo sostenible en todos los países.
c) Una declaración sobre medio ambiente y desarrollo.
d) Un documento donde se programan todas las reuniones que tendrán lugar en el siglo 21.

4. ¿Qué efecto tienen los incendios sobre el medio ambiente?

a) Liberación de CO_2 a la atmósfera.
b) Liberación de CFCs a la atmósfera.
c) Deforestación.
d) Las opciones a) y c) son correctas.

5. ¿Qué contenido contaminante lleva el agua procedente del fregado de la vajilla?

a) Restos de suciedades orgánicas.
b) Resto de productos.
c) Ambas respuestas son correctas.
d) Ambas respuestas son falsas.

6. ¿Qué efectos tienen los fosfatos que componen los detergentes?

a) Eutrofización de las aguas.
b) Contaminación atmosférica.
c) Contaminación lumínica.
d) Cambios de pH.

7. ¿Qué es la biodegradabilidad?

a) La capacidad no contaminante.
b) La capacidad de ser degradado de forma natural.
c) Una propiedad de todos los detergentes.
d) La posibilidad de acumulación en los ríos.

8. ¿Cuál de las siguientes actividades contribuye a la contaminación atmosférica?

a) El consumo de combustible por los vehículos de distribución de alimentos elaborados.
b) Todos los procesos de conservación de los alimentos.
c) La emisión de CFC por el uso de maquinaria de cocina.
d) Todas las anteriores actividades emiten gases de efecto invernadero.

9. ¿Cuál de los siguientes componentes de los detergentes no es biodegradable?

a) Tensioactivos.
b) Citratos.
c) Fosfatos.
d) Ninguno de los anteriores es biodegradable.

10. ¿Por qué resulta contaminante el consumo energético en la cocina?

a) Por lo elevado que es.
b) Porque durante la generación de energía se producen contaminantes atmosféricos.

c) Por la contaminación lumínica.
d) Las opciones a) y b) son correctas.

11. ¿Qué son los lodos de depuración?

a) Restos de alimentos que se vierten en el agua.
b) Restos de contaminantes y bacterias muertas que se vierten con el agua.
c) Restos de contaminantes y bacterias muertas resultantes del proceso de depuración de agua.
d) Residuos reutilizables para depuración.

12. ¿Qué problemas origina la basura orgánica?

a) Son un medio ideal para la multiplicación de los microorganismos.
b) Atraen frecuentemente insectos, roedores y otros animales que ayudan a la propagación de algunas enfermedades.
c) Empiezan a descomponerse en poco tiempo y generan mal olor.
d) Todas las respuestas son correctas.

13. ¿Qué características tendrán los contenedores de basura?

a) Impermeables.
b) De fácil limpieza.
c) Con tapa de cierre hermético.
d) Todas las respuestas son correctas.

14. ¿Qué requisitos debe cumplir el traslado interno de los residuos?

a) Supondrá un riesgo para el personal.
b) No se trasvasarán residuos de un envase a otro.
c) Los circuitos utilizados no serán de uso exclusivo.
d) Todas las respuestas son correctas.

15. ¿Qué afirmación es correcta sobre los restos de comida?

a) Los depósitos intermedios para residuos no tendrán salida al exterior para evitar el acceso de personas no autorizadas.
b) Los depósitos intermedios serán refrigerados para evitar la proliferación de microorganismos.
c) Los depósitos intermedios no dispondrán de ventilación para evitar la propagación de olores.
d) Todas las afirmaciones anteriores son correctas.

16. ¿Qué destino tienen los residuos sólidos urbanos?

a) Se incineran.
b) Se guardan en depósitos de seguridad.

c) Se depositan en vertederos controlados, según recoge la Ley de Residuos Sólidos Urbanos sobre recogida y tratamiento de desechos.

d) Se reciclan.

17. ¿Cómo se clasifican los residuos industriales?

a) Asimilables a urbanos y citotóxicos.

b) Inertes, asimilables a urbanos y tóxicos.

c) Tóxicos y peligrosos, y asimilables a urbanos.

d) Hospitalarios, urbanos y reciclables.

18. ¿Qué fin tienen los residuos radiactivos?

a) Incineración.

b) Vertederos.

c) Almacenamiento.

d) Todas las posibilidades son válidas.

19. ¿Cómo serán los circuitos utilizados para el traslado interno de residuos?

a) Exclusivos.

b) Separados de las vías para público.

c) De un solo sentido.

d) Las opciones a) y b) son correctas.

20. ¿En qué caso es de aplicación la Ley 7/2022, de 8 de abril, de residuos y suelos contaminados para una economía circular?

a) Suelos contaminados.

b) Residuos radiactivos.

c) Los explosivos desclasificados.

d) Todas las respuestas son correctas.

21. Según la Ley 7/2022, de 8 de abril, de residuos y suelos contaminados para una economía circular, un poseedor de residuos es:

a) Una instalación de almacenamiento en el ámbito de la recogida de una entidad local, donde se recogen de forma separada los residuos domésticos.

b) El productor de residuos u otra persona física o jurídica que esté en posesión de residuos.

c) Cualquier persona física o jurídica que desarrolle, fabrique, procese, trate, llene, venda o importe productos de forma profesional, con independencia de la técnica de venta utilizada en su introducción en el mercado nacional.

d) Persona encargada de desempeñar los cometidos previstos en la ley, que designen, en su ámbito respectivo de competencias.

22. ¿Con qué siglas se nombran a los residuos que, generalmente liberando oxígeno, pueden provocar o facilitar la combustión de otras sustancias?

a) HP 2.
b) HP 7.
c) HP 8.
d) HP 9.

23. ¿Qué ley deroga la Ley 7/2022, de 8 de abril, de residuos y suelos contaminados para una economía circular?

a) La Ley 37/2009, de 17 de enero, de residuos y suelos contaminados.
b) La Ley 33/2010, de 9 de abril, de residuos y suelos contaminados.
c) La Ley 5/2011, de 30 de septiembre, de residuos y suelos contaminados.
d) La Ley 22/2011, de 28 de julio, de residuos y suelos contaminados.

24. La Ley 7/2022, de 8 de abril, de residuos y suelos contaminados para una economía circular, no es aplicable a:

a) Los explosivos desclasificados.
b) Los suelos contaminados.
c) Los productos fabricados con plástico oxodegradable.
d) Los artes de pesca que contienen plásticos.

25. ¿Qué consideración otorga la Ley 7/2022, de 8 de abril, a los animales domésticos muertos y los vehículos abandonados?

a) Residuos industriales.
b) Residuos domésticos.
c) Residuos comerciales.
d) Residuos municipales.

En MADTEST tienes **más preguntas de este tema**, y todos tus avances quedan registrados y se reflejan en el ranking.

¡Supera tus límites con MADTEST!

Solución al test n.º 14

1. d) Todas las respuestas son correctas.

2. a) Que la protección y conservación del medio ambiente debe basarse en el concepto de desarrollo sostenible.

3. b) Un programa de acción para alcanzar los objetivos del desarrollo sostenible en todos los países.

4. d) Las opciones a) y c) son correctas.

5. c) Ambas respuestas son correctas.

6. a) Eutrofización de las aguas.

7. b) La capacidad de ser degradado de forma natural.

8. a) El consumo de combustible por los vehículos de distribución de alimentos elaborados.

9. c) Fosfatos.

10. d) Las opciones a) y b) son correctas.

11. c) Restos de contaminantes y bacterias muertas resultantes del proceso de depuración de agua.

12. d) Todas las respuestas son correctas.

13. d) Todas las respuestas son correctas.

14. b) No se trasvasarán residuos de un envase a otro.

15. b) Los depósitos intermedios serán refrigerados para evitar la proliferación de microorganismos.

16. c) Se depositan en vertederos controlados, según recoge la Ley de Residuos Sólidos Urbanos sobre recogida y tratamiento de desechos.

17. b) Inertes, asimilables a urbanos y tóxicos.

18. c) Almacenamiento.

19. d) Las opciones a) y b) son correctas.

20. a) Suelos contaminados.

21. b) El productor de residuos u otra persona física o jurídica que esté en posesión de residuos.

22. a) HP 2.

23. d) La Ley 22/2011, de 28 de julio, de residuos y suelos contaminados.

24. a) Los explosivos desclasificados.

25. b) Residuos domésticos.

Prevención de riesgos laborales específicos de la categoría. Plan de Autoprotección. Riesgo de incendio: conceptos básicos, medidas preventivas y actuaciones a realizar. Plan de Autoprotección, emergencias y evacuación de Centros Sanitarios

1. ¿Qué Ley regula la prevención de riesgos laborales en España?

a) Ley 31/1995, de 8 de noviembre.
b) Real Decreto 513/2017, de 22 de mayo.
c) Ley 17/2011, de 5 de julio.
d) Ley 28/2015, de 30 de julio.

2. Será necesario utilizar varios equipos de seguridad cuando:

a) Los trabajos a realizar sean distintos.
b) Nunca si se mantiene la integridad del EPI inicial.
c) En ningún momento se podrán utilizar varios equipos a la vez.
d) Se manipulen productos químicos.

3. Es obligación de los trabajadores en materia de prevención de riesgos:

a) Usar adecuadamente, de acuerdo con su naturaleza y los riesgos previsibles, las máquinas, aparatos y herramientas.
b) Utilizar correctamente los medios y equipos de protección facilitados por el empresario.
c) Contribuir al cumplimiento de las obligaciones establecidas por la autoridad competente.
d) Todas las respuestas anteriores son correctas.

4. Como norma general, ¿qué se debe hacer ante una quemadura?

a) Aplicar pomadas, cremas o pasta dentífrica.
b) Romper las ampollas, pues el líquido que contienen protege de la posible infección.
c) Envolver la lesión con gasas o paños limpios, humedecidos en agua.
d) Despegar la ropa o cualquier otro elemento que esté pegado a la piel.

5. Se denomina "carga" a un objeto o mercancía cuando su peso excede de:

a) 3 kg.
b) 5 kg.
c) 7 kg.
d) 10 kg.

6. Estamos en un momento de apuro en el servicio de cocina. Necesitamos una batidora para pasársela a una crema antes de empezar a emplatar. Al enchufarla, vemos que tiene el cable de alimentación eléctrico pelado, es decir, con carencia de aislante en alguna zona, ¿qué debemos hacer?

a) Como la necesitamos en un momento de mucho apuro, la deberemos proteger con una cinta aislante antes de utilizarla.
b) No deberá utilizarse hasta su reparación por personal especializado.
c) Deberá enchufarse exclusivamente en un enchufe con toma de tierra.
d) Dado que la vamos a usar solo un momento, y nos urge mucho, la utilizaremos extremando mucho la precaución, y seguidamente informaremos al jefe de cocina.

7. Se está produciendo un incendio en una campana extractora de la cocina. Ante la imposibilidad de poder combatirlo, corremos hacia un pulsador de alarma contra incendios para poder activarlo. Dicho pulsador estará a una distancia máxima desde la zona del incendio de:

a) 25 metros.
b) 50 metros.
c) 100 metros.
d) 150 metros.

8. Eliminar la suciedad, papeles, derrames, grasas, desperdicios y obstáculos contra los que se pueda tropezar y retirar los objetos innecesarios y utensilios que no se estén utilizando, es una medida preventiva para evitar:

a) Caídas al mismo nivel.
b) Cortes y heridas.
c) Incendios.
d) Todas con correctas.

9. Señala cuál de las siguientes opciones no es una medida preventiva, frente a quemaduras por el contacto con objetos o gases calientes:

a) Comprar máquinas y utensilios seguros que tengan el marcado CE.
b) No llenar los recipientes hasta arriba.
c) Comprobar el termostato de la freidora antes de la introducción de alimentos.
d) Todas son correctas.

10. No es un factor de riesgo de incendio y explosión:

a) Sólidos inflamables (papel, trapos, cajas).
b) Sustancias cáusticas y corrosivas.
c) Líquidos inflamables (disolventes, alcoholes).
d) Presencia de focos de ignición.

11. Es un riesgo ergonómico:

a) Estar en contacto con productos que contienen sustancias químicas peligrosas.
b) Realizar trabajos con manejo de cargas o posturas forzadas.
c) Las situaciones de trabajo que producen estrés.
d) Todos son riesgos ergonómicos.

12. Los equipos de protección individual están destinados:

a) Al uso personal.
b) A la comunidad.
c) A un equipo de trabajo.
d) A quien lo necesite.

13. Los extintores de incendio portátiles:

a) Están concebidos para que puedan ser llevados y utilizados a mano teniendo en condiciones de funcionamiento una masa igual o inferior a 15 kg.
b) Están concebidos para que puedan ser llevados y utilizados a mano teniendo en condiciones de funcionamiento una masa igual o inferior a 20 kg.
c) Están concebidos para que puedan ser llevados y utilizados a mano teniendo en condiciones de funcionamiento una masa igual o inferior a 25 kg.
d) Están concebidos para que puedan ser llevados y utilizados a mano teniendo en condiciones de funcionamiento una masa igual o inferior a 30 kg.

14. En la selección de un extintor portátil, el agente extintor adecuado para las clases de fuego A (sólidos), B (líquidos) y C (gases) son:

a) Polvo BC (convencional).
b) Polvo ABC (polivalente).
c) Espuma física.
d) Hidrocarburos halogenados.

15. ¿Para qué tipo de trabajos se utilizan los mandiles antiperforantes?

a) Trabajos de deshuesado y troceado.
b) Trabajos de soldadura.
c) Manipulación de objetos con aristas cortantes, salvo que se utilicen máquinas con riesgo de que el guante quede atrapado.
d) Manipulación o utilización de productos ácidos y alcalinos.

16. Una rampa se considera como un pasillo con una pendiente que no deberá ser mayor que el 12 %:

a) Cuando su longitud sea menor que 5 m.
b) Cuando su longitud sea menor que 6 m.
c) Cuando su longitud sea menor que 2 m.
d) Cuando su longitud sea menor que 3 m.

17. Es una Norma a tener en cuenta en una evacuación en caso de incendio:

a) Al activarse la señal de evacuación, salir corriendo lo más rápido posible.
b) Mantener la calma. Indicar al personal de la zona la necesidad de evacuar el centro, por las salidas definidas (siempre que estas estén practicables).
c) Permitir la recogida de objetos personales a los ocupantes del edificio.
d) Usar los ascensores para una más rápida y ordenada evacuación.

18. El trabajador debe recibir información, en materia de prevención de riesgos laborales sobre:

a) Los riesgos específicos que afecten a su puesto de trabajo.
b) Las medidas de protección a utilizar.
c) Las medidas de prevención.
d) Todas las respuestas son correctas.

19. ¿Cuál/es de estas medidas preventivas ayudarán a evitar las quemaduras en el trabajo?

a) Orientar los mangos de los recipientes hacia el interior de los fogones.
b) Evitar el desbordamiento de líquidos calientes comprobando los niveles antes de la introducción de alimentos.
c) Evitar el desbordamiento comprobando los niveles antes de la introducción de alimentos.
d) Todas las respuestas son correctas.

20. ¿Qué causa de riesgo se asocia caídas a distinto mismo nivel?

a) Calzado inadecuado.
b) Falta de orden y limpieza.
c) Suelos mojados o resbaladizos.
d) Limpieza de escaleras fijas.

21. Para la manipulación de cargas en postura sentada (en kg), no deberían manipularse cargas de más de:

a) 1 kg.
b) 5 kg.

c) 10 kg.
d) 15 kg.

22. De los siguientes tipos de extintores, ¿cuál es el más adecuado en caso de un fuego con presencia de tensión eléctrica?

a) Extintor de agua.
b) Extintor de polvo convencional.
c) Extintor de anhídrido carbónico (CO_2).
d) No se puede utilizar ningún extintor en presencia de tensión eléctrica.

23. Una actuación de "evacuación" se realizará cuando:

a) La situación de emergencia producida por un fuego en cocina no se puede controlar y es necesario proceder al desalojo de los profesionales del servicio.
b) La situación de emergencia producida por un fuego en cocina ya ha sido controlada y se ha de volver al servicio de cocina.
c) La situación de emergencia derive exclusivamente de una catástrofe natural externa al Hospital.
d) La situación de emergencia se dé exclusivamente en el servicio de radiología del Hospital.

24. ¿Qué masa no debe supera un extintor portátil (Kg)?

a) 10 kg.
b) 15 kg.
c) 20 Kg.
d) 40 kg.

25. Si una persona accidentada con quemaduras presenta además otras lesiones, ¿cómo se procederá?

a) Se atenderá primero la quemadura.
b) Se tratará primero la lesión más grave.
c) Se tratarán simultáneamente todas las lesiones.
d) Ninguna respuesta es correcta.

En MADTEST tienes **más preguntas de este tema**, y todos tus avances quedan registrados y se reflejan en el ranking.

¡Supera tus límites con MADTEST!

Solución al test n.º 15

1. a) Ley 31/1995, de 8 de noviembre.

2. a) Los trabajos a realizar sean distintos.

3. d) Todas las respuestas anteriores son correctas.

4. c) Envolver la lesión con gasas o paños limpios, humedecidos en agua.

5. a) 3 kg.

6. b) No deberá utilizarse hasta su reparación por personal especializado.

7. a) 25 metros.

8. a) Caídas al mismo nivel.

9. d) Todas son correctas.

10. b) Sustancias cáusticas y corrosivas.

11. b) Realizar trabajos con manejo de cargas o posturas forzadas.

12. a) Al uso personal.

13. b) Están concebidos para que puedan ser llevados y utilizados a mano teniendo en condiciones de funcionamiento una masa igual o inferior a 20 kg.

14. b) Polvo ABC (polivalente).

15. a) Trabajos de deshuesado y troceado.

16. d) Cuando su longitud sea menor que 3 m.

17. b) Mantener la calma. Indicar al personal de la zona la necesidad de evacuar el centro, por las salidas definidas (siempre que estas estén practicables).

18. d) Todas las respuestas son correctas.

19. d) Todas las respuestas son correctas.

20. d) Limpieza de escaleras fijas.

21. b) 5 kg.

22. c) Extintor de anhídrido carbónico (CO_2).

23. a) La situación de emergencia producida por un fuego en cocina no se puede controlar y es necesario proceder al desalojo de los profesionales del servicio.

24. c) 20 kg.

25. b) Se tratará primero la lesión más grave.

Maquinaria y herramientas de cocina: concepto, clases y utilidades. Productos de limpieza: clases y tipos; modos de empleo; condiciones de uso. Limpieza de locales. Características y usos. Sistemas de limpieza

1. ¿Qué ventajas tiene el acero inoxidable?

a) Gran resistencia.
b) Fácil limpieza.
c) Buen conductor del calor.
d) Las respuestas a) y b) son correctas.

2. La _sautese_ es utilizada para:

a) Saltear, rehogar y estofar géneros.
b) Confeccionar salsas y cremas.
c) Asar grandes piezas de carne.
d) Presentar pescados.

3. ¿Para qué se utiliza el baño María?

a) Se usa para mantener calientes ciertas elaboraciones.
b) Para asar.
c) Para elaborar salsas, hervidos, purés, cremas.
d) Se utiliza para la cocción de pequeñas cantidades de producto.

4. ¿Qué función tiene la campana extractora en cocina?

a) Absorber los vapores y gases desprendidos en la cocción.
b) Reducir la temperatura desprendida durante la cocción.
c) Mover el aire interno de la cocina para evitar que se concentren vapores.
d) Emitir aire frío.

5. ¿Qué es una sartén abatible?

a) Un generador de calor.
b) Un generador de frío.
c) Un utensilio de cocina.
d) Ninguna respuesta es correcta.

6. ¿Cómo se denominan sustancias y preparados que en contacto con tejidos vivos pueden ejercer acción destructora de los mismos?

a) Irritantes.
b) Nocivos.
c) Corrosivos.
d) Inflamables.

7. ¿Qué son sustancias pirofóricas?

a) Sustancias o mezclas que, por medio de una acción química, pueden dañar gravemente, o incluso destruir, los metales.
b) Sustancias o mezclas sólidas o líquidas, que pueden calentarse espontáneamente en contacto con el aire sin aporte de energía.
c) Sustancias o mezclas sólidas o líquidas que, por interacción con el agua, tienden a volverse espontáneamente inflamables o a desprender gases inflamables en cantidades peligrosas.
d) Sustancias o mezclas líquidas o sólidas que, aun en pequeñas cantidades, pueden inflamarse al cabo de 5 minutos de entrar en contacto con el aire.

8. ¿Qué tipo de indicación es: H360F: Puede perjudicar a la fertilidad?

a) Consejo de prudencia.
b) Indicación de peligro.
c) Consejo de seguridad.
d) Indicación de protección.

9. En la limpieza y desinfección combinada se empleará:

a) Solo la acción detergente.
b) Solo la acción desinfectante.
c) Primero la acción detergente y posteriormente y aparte la acción desinfectante.
d) Se emplearán a la vez la acción detergente y la acción desinfectante.

10. ¿Qué pH tendrá un detergente ácido?

a) 10.
b) 8.

c) 7.
d) 4.

11. ¿Qué propiedad del detergente se da cuando se rompe la suciedad, dispersando las partículas finas que componían esa mancha?

a) Poder humectante.
b) Dispersión.
c) Emulsión.
d) Brillo.

12. En el caso de que un producto limpiador sea considerado como producto peligroso, actualmente el fabricante debe incluir en su etiquetado un pictograma de peligro que será:

a) Cuadrado y apoyado sobre un lado.
b) Cuadrado y apoyado sobre un vértice.
c) Redondo.
d) Rectangular apoyado sobre el lado mayor.

13. ¿Qué productos se emplean para eliminación de microorganismos patógenos?

a) Detergentes.
b) Limpiametales.
c) Desinfectantes.
d) Ambientadores.

14. El etiquetado de aquellos detergentes que resulten clasificados como productos peligrosos:

a) Deberá cumplir el Reglamento sobre clasificación, envasado y etiquetado de preparados peligrosos vigente.
b) Bastará con cumplir sólo el etiquetado de la Reglamentación técnico-sanitaria para la elaboración, circulación y comercio de detergentes y limpiadores.
c) No está sujeta a obligaciones de etiquetado.
d) La etiqueta deberá ser de color naranja.

15. ¿Qué procedimiento es aquel por el que se elimina el agua con los restos de detergente y la suciedad disuelta?

a) Prelavado.
b) Enjuague.
c) Lavado.
d) Enjuague final.

16. Un agente tensioactivo puede ser:

a) Iónico (aniónico o catiónico), no iónico o anfótero.
b) Primario, secundario o terciario.
c) Reforzante, aditivo o coadyudante.
d) De alta, media o baja potencia.

17. La lejía es un desinfectante que tiene como componente activo:

a) Alcohol etílico.
b) Agua.
c) Hipoclorito sódico.
d) Ácido peracético.

18. Para la limpieza de la zona de preparación, una de las pinches necesita un producto de limpieza, ¿a dónde se dirigirá para recogerlo?

a) Al almacén de productos perecederos.
b) Al almacén para productos de limpieza.
c) A la cámara frigorífica.
d) Indistintamente, porque los productos de limpieza se almacenan en cualquier zona de la cocina.

19. En el almacén de limpieza, el pinche se ha encontrado una botella transparente llena de lo que parece un desengrasante que no tiene ninguna etiqueta ni identificación, ¿qué debe hacer?

a) Utilizarla para limpiar y gastarla lo antes posible.
b) La olerá y le pondrá con rotulador el producto que cree que es.
c) Probará con poca cantidad para limpiar y ver si es el producto que necesita.
d) Lo comunicará al encargado de la cocina para su retirada.

20. ¿Cómo se denominan los procedimientos o actuaciones dirigidas a impedir la llegada de los microorganismos patógenos a un medio aséptico?

a) Antisepsia.
b) Asepsia.
c) Desinfección.
d) Esterilización.

21. ¿Cómo se denomina la interrelación de los factores que influyen en la eliminación de la limpieza?

a) Círculo de Grinner.
b) Círculo de Shinn.

c) Círculo de Sinner.
d) Círculo de Havers.

22. ¿Cuál de estas sustancias es un detergente?

a) Jabón de vajilla.
b) Alcohol 70.
c) Lejía.
d) Complejos trialdehídicos.

23. ¿En qué normativa se aprueba la Reglamentación técnico-sanitaria para la elaboración, circulación y comercio de detergentes y limpiadores?

a) Ley 17/2011, de 7 de mayo.
b) Real Decreto 770/1999, de 7 de mayo.
c) Ley 25/2009, de 7 de mayo.
d) Real Decreto 202/2000, de 7 de mayo.

24. ¿Qué producto es aquel cuya finalidad principal es la limpieza y mantenimiento de objetos y superficies tales como suelos, maderas, plásticos, azulejos, cristales…?

a) Detergente.
b) Desinfectante.
c) Limpiador.
d) Coadyuvante.

25. ¿Qué propiedad del detergente se da cuando se rompe la suciedad compacta, dispersando las partículas finas que componían esa mancha?

a) Poder humectante.
b) Dispersión.
c) Emulsión.
d) Brillo.

Solución al test n.º 16

1. d) Las respuestas a) y b) son correctas.

2. a) Saltear, rehogar y estofar géneros.

3. a) Se usa para mantener calientes ciertas elaboraciones.

4. a) Absorber los vapores y gases desprendidos en la cocción.

5. a) Un generador de calor.

6. c) Corrosivos.

7. d) Sustancias o mezclas líquidas o sólidas que, aun en pequeñas cantidades, pueden inflamarse al cabo de 5 minutos de entrar en contacto con el aire.

8. b) Indicación de peligro.

9. d) Se emplearán a la vez la acción detergente y la acción desinfectante.

10. d) 4.

11. b) Dispersión.

12. b) Cuadrado y apoyado sobre un vértice.

13. c) Desinfectantes.

14. a) Deberá cumplir el Reglamento sobre clasificación, envasado y etiquetado de preparados peligrosos vigente.

15. b) Enjuague.

16. a) Iónico (aniónico o catiónico), no iónico o anfótero.

17. c) Hipoclorito sódico.

18. b) Al almacén para productos de limpieza.

19. d) Lo comunicará al encargado de la cocina para su retirada.

20. b) Asepsia.

21. c) Círculo de Sinner.

22. a) Jabón de vajilla.

23. b) Real Decreto 770/1999, de 7 de mayo.

24. c) Limpiador.

25. b) Dispersión.

Cómo acceder al Curso

Pinche
Test del temario

El uso de los códigos **es exclusivo de los compradores de los productos de Editorial MAD**. Cada producto posee un código único y de un solo uso. Es personal e intransferible y da acceso a servicios y contenidos adicionales. Editorial MAD se reserva el derecho de hacer cuantas comprobaciones sean necesarias para identificar al legítimo poseedor del código y dejar de dar servicio a quien haga uso fraudulento del mismo, además de emprender cuantas acciones legales estime oportunas según la legislación vigente.

Deberás acceder a:

mad.es/registro-campus

Si una vez aceptadas las condiciones de uso del Campus decides hacer uso del mismo, necesitarás del siguiente código de acceso junto con los códigos del resto de títulos que se exigen (si fuera el caso):

8D51WECAQS